パンツを脱いじゃう子どもたち

発達と放課後の性

坂爪真吾
一般社団法人ホワイトハンズ代表理事

745
中公新書ラクレ

はじめに

障害のある子どもの「性に関するトラブル」

「いきなり脱ぎ始めて自慰行為に及び始めた」（小学三年生・男子　自閉スペクトラム症）
「他の児童がいる前で突然、自分が身につけているズボンを下ろして性器を見せる行為を行っています」（小学一年生・女子　自閉スペクトラム症）
「先生が話をしている最中に突然、シャツとズボンを脱ぎだした」（小学四年生・女子　知的障害）
「手持ち無沙汰な時や不安が高まった時などに、手近なおもちゃであるかのようにズボンの中に手を入れてしまいます。まだ恥ずかしいという概念はありません」（小学一年生・男子　知的障害／自閉スペクトラム症／重度身体障害）
「コンビニのトイレの中で性器を出して射精している」（小学六年生・男子　知的障害／

自閉スペクトラム症／注意欠如・多動症）

「スーパーのレジの前で突然お腹を出してしまったり、パンツが丸見えの座り方が直らない」（小学三年生・女子　知的障害／学習障害）

これらは、障害のある子どもの「性に関するトラブル」についてのアンケートで、保護者から寄せられた回答の一部である。

人前で服を脱ぐ、性器に触る、自慰行為をする、無防備な格好をしてしまうなど、保護者の困惑や苦悩が伝わってくる、生々しい内容になっている。

あなたが普段、障害のある子どもと全く接点のない生活を送っている場合、こうした性に関するトラブルの話は、遠い世界の他人事のように聞こえるかもしれない。現実感もなく、「障害のある子どもを育てるのは、とても大変なんだね」というありきたりの感想しか思い浮かばないかもしれない。

しかし、これらの話は、決して遠い世界の他人事ではない。あなたの住んでいる地域の中で、あなたの家のすぐ近くで、毎日のように起こっている現実である。

コロナ禍で注目を集めた「放課後等デイサービス」

二〇二〇年二月二七日、新型コロナウイルスの感染拡大を防ぐために、安倍晋三首相（当時）は全国の小中高校に三月二日から春休みまでの臨時休校を要請した。

突然の休校によって、行き先がなくなってしまった子どもたちの預け先として、学童保育に注目が集まった。学童保育とは、日中保護者が家庭にいない小学生の児童（＝学童）に対して、授業の終了後＝放課後に適切な遊びや生活の場を提供することで、児童の健全な育成を図る保育事業の通称である。「子どもの頃、放課後に学童に通っていた」、あるいは現在、「自分の子どもを学童に通わせている」という人も多いはずだ。

学童保育の領域において、この数年間で飛躍的に利用者数を伸ばしたサービスがある。それは「放課後等デイサービス」である。

放課後等デイサービス（以下放デイ）とは、障害のある子どもや発達に特性のある子どものための福祉サービスである。六歳から十八歳までの就学年齢の子どもが通うことができ、個別支援計画に基づいて、自立支援と日常生活の充実のための活動などを行っている。

内容別に大きく分けると、学童保育に当たるようなサービスを提供する「預かり型」、専門的な療育サービスを提供する「療育型」、運動・器楽・習字・絵画等を学ぶ「習い事型」の三つのタイプがある。

利用に際して療育手帳や身体障害者手帳は必須ではないため、発達障害の傾向はあるが診断を受けていないという児童でも利用しやすいというメリットがある。

二〇一二年に制度がスタートした時の利用者数は約五万人だったが、二〇二〇年四月の時点で、全国に約一万四千の事業所があり、利用者数は二二万人を超えている。生活介護や就労継続支援B型と並び、障害福祉サービスの中でも、最も利用者数の多いサービスの一つになっている。

事業所の開業ラッシュと利用者増の中で、「地元の大通りや商店街にあった空き物件が、いつの間にか放デイに変わっていた」「近所にいきなり放デイができて驚いた」という経験のある人も多いだろう。

その一方で、放デイは急拡大したゆえの課題も抱えている。コロナ禍で学童保育が注目された際、職員の低賃金や長時間労働などの待遇の悪さ、施設の狭さなどの劣悪な環境が話題になったが、放デイにおいても同様の課題がある。何もない殺風景な部屋で、子どもたちを集めてアニメのDVDを見せているだけ、という事業所もあるという。

障害福祉事業は定員と単価の関係から売上の上限が決まっており、一店舗だけでは採算がとりづらい。経営上、二件目以降の出店に乗り出す事業者も多いが、出店したものの採算が合わず、すぐに撤退してしまうケースも多い。株式会社などの営利企業の運営する放デイに対しては、「経営側の都合で子どもたちが振り回される」「福祉をビジネスにしていいのか」という批判も根強い。

放課後等デイサービスで起こっている、性に関するトラブル

そうした玉石混交の放デイの現場で問題になっているのが、冒頭で紹介した、障害のある子どもたちの性に関するトラブルである。人前で性器をいじる、自慰行為を繰り返す、服を脱ぐ、異性の子どもや職員に抱きつく、つきまとい行為を繰り返す、異性の服を盗む、スマホで裸の画像を送ってしまう、SNSやアプリで知らない大人に出会ってしまう……など、様々な問題が起こっている。

現場の職員は、性に関する問題にどのように対応したらいいのか分からない。事業所を運営する会社にも性の問題に対応するためのノウハウはなく、行政がガイドラインを策定することもない。親も自分の子どもの性は直視したくない。学校での性教育もまだまだ不十分だ。

誰もが思うように動けない中、お互いに責任を押しつけあう中で、障害のある子どもたちの「放課後の性」は放置されたままになっている。

私は、二〇〇八年から障害者の性に関する問題の解決に取り組む非営利団体『ホワイトハンズ』を運営している。支援や研修などの場を通して、障害児・者の性に関する様々な情報や相談に接する中で、二〇一〇年代の半ば以降、放デイでの性に関するトラブルを見聞きする機会が増えてきた。

放デイの事業所数が急速に増加する中で、福祉とは全く無関係な異業種にいた人たちが、経営者や指導員として携わるようになった。その過程で、これまで福祉職が長年黙認あるいは放置してきた障害児・者の性に関する問題が、現場の課題として表面化するようになってきている。

見方を変えれば、放デイが全国各地に広まったおかげで、障害児・者の性に対する認識が「人里離れた山奥の障害者施設内で起こっている、遠い世界の問題」ではなく、「自分たちの近所や町内で起こっている、身近な問題」へと変化している、と捉えることもできるだろう。

障害者の性に関する研究や実践の中でも、障害のある子どもに対する性教育については、一九七〇年代から数多くの蓄積がある。こうした蓄積を、全国の放デイというインフラを通じて広めることができれば、長年タブー扱いされ続けてきた障害者の性問題を解決へと前進させる上で、大きな突破口になるのではないだろうか。障害者の性に関する問題を解決するためのヒントやチャンスが、放デイの現場には数多く眠っているはずだ。

性に関する問題は、自分自身、他人、そして社会とのコミュニケーションに関する問題である。性に関する知識やスキルがない、ということは、自分自身、他人、そして社会とのコミュニケーションをうまく取れなくなってしまうことを意味する。

そう考えると、障害のある子どもたちに性に関する知識やスキルを身につける機会を保障することができれば、子どもたちの将来にとって、そして私たちの社会全体にとっても、大きな財産になるはずだ。

本書は、放デイの現場で起こっている障害のある子どもの性の問題を、保護者や職員の声を基にして分析した上で、その背景にある問題構造や社会課題を明らかにしていく。そこから、「障害のある子どもの性を、どのように社会的に支援していくか」という問いを考えていきたい。

本書が、障害のある子どもたち、保護者や支援者の方々、そして私たち一人一人が、自らの性と向きあえる社会を実現するための一助になれば、幸いである。

目次

図表作成・本文ＤＴＰ／市川真樹子

パンツを脱いじゃう子どもたち

発達と放課後の性

序章　分かりづらい障害、気づかれない二次障害

殺到する相談の陰に見え隠れする発達障害

「うつ状態で部屋から出られず、仕事にも病院にも行けない」
「ネットカフェで寝泊まりしているが、所持金があと数百円しかない」
「家賃滞納で部屋から追い出されそうだが、家族との関係が悪く、頼れる相手が誰もいない」

性風俗の世界で働く女性のための無料生活・法律相談「風《ふう》テラス」には、全国各地から、毎日のように、こうした相談が寄せられている。二〇二〇年以降のコロナ禍では相談者数が急増し、二年間で合計五千人以上の女性から相談を受け付けた。

相談者の女性の中には、うつ病・統合失調症・パニック障害・摂食障害・適応障害などの精神疾患を抱えている人が少なくない。私自身も相談受付業務に関わっていたのだが、コロナ禍以降は、相談者の大半がうつ状態による心身の不調、通院や服薬ができていないことを訴える状況になり、メンタルクリニックの受付にいるような気分になった。

性風俗の仕事は、誰にでもできる仕事ではない。初対面の相手の前で裸になり、性的なサービスを提供するというハードな仕事を続けた結果として、精神を病んでしまったのではないか……と思われるかもしれない。

しかし、現実は違う。性風俗の世界は「働くことで精神を病んでしまう世界」という側面もないわけではないが、むしろ「メンタルの不調を抱えた女性でも働きやすい世界」という側面の方が強い。現金日払いの完全自由出勤であり、気分や体調の良い時だけ働くことができ、その日のうちに現金収入を得ることができる。

一般の昼職では働きづらい事情のある女性たち、障害者雇用枠などの福祉的就労では十分な収入を得られない女性たちにとっては、性風俗の仕事が受け皿の一つになっていた。その受け皿がコロナの影響によって崩壊してしまい、仕事と行き場を失った女性たちからの相談が殺到することになった。

相談に際して、彼女たちの話をよく聞いてみると、精神疾患の陰に隠れる形で、発達障害の特性を持っている女性が非常に多いと感じた。

対人関係が苦手、感覚過敏、こだわりが強い、時間が守れない、眠れない、活字が読めない、衝動的に行動してしまう……などなど。SNSのプロフィールに、発達障害や精神疾患があることを明記している女性もいる。

お店のスタッフやお客と常にトラブルを起こしてしまう。時間が守れずに遅刻や当日欠勤を繰り返してしまう。匿名掲示板で自分の悪口を検索・閲覧することがやめられない。過去の嫌な思い出がフラッシュバックして、身動きが取れなくなってしまう。スカウトやホストの言葉を真に受けてしまい、経済的に搾取される。お金の管理が満足にできず、多重債務の状態に陥ってしまう。出稼ぎに行っても稼げないと分かっているのに、出稼ぎに行くことをひたすら繰り返してしまう。生活相談や法律相談の背景に、発達障害の特性が絡んでいると思われるケースがかなり多かった。

見えにくく、分かりにくい障害

発達障害については、「具体的にどのような障害なのか、正確には説明できないけれども、なんとなくイメージはできる」という人も多いだろう。「自分の家族や友人にも、発達障害の人がいる」「自分も発達障害の傾向がある」という人もいるはずだ。

二〇〇五年に発達障害者支援法が施行されて以降、発達障害に対する社会的な関心が高まり、教育・医療・福祉など、様々な場面やメディアで発達障害という言葉が使われるようになった。

書店の棚には発達障害のある子どもの育て方に関する本が大量に陳列されるようになり、SNSやウェブ広告では、発達障害の原因や治療法について、玉石混交の情報が飛び交っている。

様々な情報が溢れている一方で、「発達障害とは何か」を正確に説明することは、実は専門家にとっても難しいことである。[*1]

発達障害の「発達」とは、「子どもの成長」という意味ではない。発達障害は、育児の失敗や親の愛情不足によって後天的に発症するものではなく、胎児の段階で脳の神経細胞の発生・発達・成長に異常が生じる、先天性（生まれつき）の疾患であると考えられている。

一方で、脳と遺伝子の異常だけで発達障害の全てを説明できるわけではない。環境も一定の影響を与えている。現在では、「発達障害は、複数の遺伝子の働きのエラーと環境因子の組み合わせによって発症する」と説明されることが多い。

発達障害は、以下の三つの疾患から成り立っている。

1. 自閉スペクトラム症（Autism Spectrum Disorder：ＡＳＤ）
「対人関係が苦手」で「こだわりが強い」ことが主な特徴。

（相手の表情から気持ちが読み取れない、言葉の遅れ、言われた言葉をそのまま返すオウム返し、相手や状況に合わせた行動が苦手、決まった順序や道順にこだわる、感覚過敏[*2]あるいは鈍麻など）

2. 注意欠如・多動症（Attention-Deficit Hyperactivity Disorder：ＡＤＨＤ）
「不注意」（集中力がない、忘れ物が多い、飽きっぽい）
「多動性」（じっとできない、手や足をいつもいじっている）
「衝動性」（人の話を最後まで聞かない、思いつきで行動する）の三つが主な特徴。

3．学習障害（Learning Disabilities：ＬＤ）

知能全般は正常だが、「読む」「書く」「聞く」「話す」「計算する」「推論する」ことの習得や使用に障害がある。

（教科書を音読できない、音読はできても意味が理解できない、文字を書けない、一桁の足し算ができない、地図の意味が分からないなど）

これらの障害は、他の病気と異なり、他者や社会との接点の中で問題が見えてくる、という特徴がある。ＡＳＤは、親との双方向のコミュニケーションが始まる一歳半頃に問題を指摘されることが多い。ＡＤＨＤは、幼稚園や保育園に通うようになる三歳頃から目立つようになる。ＬＤは、言葉の読み書きが始まる六歳頃から目立つようになる。

現代の医学では、発達障害を根本的に「治す」ことはできないとされている。発達障害の特性は、その人が生まれもった「ものの感じ方・考え方・行動の仕方」と深く結びついているため、特性だけを根本的に変えることはできない。

発達障害に関して多数の著作を刊行している医師の岡田尊司《たかし》氏は、「特性と戦うことは、地球の自転を止めようとするのと同じくらい虚しく、消耗する行為」と述べている。[*3]

治療ではなく、障害を持った状態で、いかにして社会の中で不適応を起こさずに生活していくか、という視点から、様々な療育や支援が行われている。

二〇一二年に文部科学省が行った「通常の学級に在籍する発達障害の可能性のある特別な教育的支援を必要とする児童生徒に関する調査」では、通常学級に在籍する子どもの6・5％に発達障害の可能性があると指摘された。[*4] 一学級四〇人とすると、クラスの中に二〜三人程度は発達障害の可能性のある子どもがいることになる。

二〇一八年に厚生労働省が公表した「平成28年生活のしづらさなどに関する調査」では、医師から発達障害と診断された人は、四八万一千人と推計されている。大人になってから診断を受ける人も多い。

発達障害は定義そのものが、社会の在り方や時代によって流動的に変化する。「ここからは障害で、ここからは障害ではない」という明確な線引きができない。「グレーゾーン」や「ボーダーライン」といった曖昧な言葉とともに説明されることも多い。同じ診断名であっても、障害の内容やそれに伴う生きづらさの度合いは、千差万別になる。ボーダーラインやグレーゾーンだからといって、正式に診断を受けた人と比べて、本人の困り度合いが低いというわけでもない。診断基準や診断名自体も、時代によって更新されている。

このように、発達障害は極めて見えにくく、分かりにくい障害である。

さらに見えづらく、分かりにくい女性の発達障害

こうした発達障害の中でも、女性の発達障害はさらに見えにくく、分かりづらい。幼少期に発達障害の診断を受けるのは、女子よりも男子が圧倒的に多い。多動や衝動性などの特性も、男子の方が目立つことが多く、診断基準が男子を基準にして作られていることも、女性の発達障害を見えづらくしている理由の一つだと考えられている。一方で、障害によって生じる生きづらさは、男女共に変わりはない。

発達障害があるにもかかわらず、幼少期や思春期に十分な支援や配慮を受けられなかった場合、本来の障害に加えて、「二次障害」と呼ばれる困難に陥ることがある。

二次障害には、不眠や腹痛、頭痛などの身体的な症状、社交不安障害や強迫性障害、うつ病・適応障害・摂食障害などの精神的な症状、不登校やひきこもり、家庭内暴力やアルコール依存、自殺や犯罪などの問題行動が挙げられる。

二〇一九年に二十歳以上の発達障害者を対象に毎日新聞が実施したアンケートでは、回答者の四割超（45・5％）がうつ病を併発していた。発達障害の二次障害としてうつ状態になるケースはかなり多い。[*5]

二次障害が生じると、本人や家族にさらに大きな負担がかかる。社会的自立のためにも、より多くの時間と労力が必要になる。二次障害の発生を未然に防ぐことは、発達障害児の支援や療育の中でも重要な目標の一つになっている。「療育の目標は、二次障害を起こさないこと」と断言する医師もいる。

今回のコロナ禍において、発達障害及びその二次障害で苦しむ女性たちが、生きづらさを抱えながら性風俗の世界で働いている、という現実が改めて浮き彫りになった。

医療や福祉の世界では、発達障害に対して「早期発見・早期支援」の重要性が唱えられている。二次障害を防ぐためにも、発達障害のある子どもをなるべく早い段階で発見して支援につなぎ、適切な療育を行う必要があることには、異論はないだろう。

一方で、発達障害のある人の中で、実際に医師の診断を受けている人の割合は、決して多くない。発達障害の可能性がある人は、日本の人口の10％程度と推測されているが、医療機関を受診して実際に発達障害であると診断されるのは、そのうちの半分程度と言われている。支援が必要なレベルの発達障害であっても、そもそも本人に自覚がなく、医療や福祉に全くつながっていない人も多い。生活保護やアルコール依存などの社会課題と同様、支援を必要としている人たちの「捕捉率」は決して高くはない。

発達障害は個性ではなく、配慮と支援が必要な特性である。支援や配慮なしでは社会生活をうまく営めないにもかかわらず、適切な支援も配慮も受けられていない人の方がむしろ多数派である、といういびつな現実がある。

発達障害の二次障害で苦しんでいる人たちが集っているにもかかわらず、社会的な理解が少なく、福祉的支援も十分に届いていない領域は、性風俗の世界だけではない。貧困や虐待、ひきこもりやＤＶ、少年犯罪など、発達障害の二次障害の問題は、様々な社会課題の背景に共通して流れる「通奏低音」になっている。

解決の糸口は「性」にあり

こうした中で、近年注目を集めているのが、発達障害のある人の性に関する問題だ。

前述の通り、発達障害は家族・学校・職場といった社会の対人関係の中で問題になってくる障害である。

対人関係の中でも、恋愛やセックスは、濃密かつ複雑なコミュニケーションが要求される領域であり、ハラスメントや性被害などのトラブルが起こりやすいデリケートな領域でもある。

性愛に関する領域は、発達障害のある人にとっては苦手分野であることが多い。障害特性の影響で、気になる相手と関係性をうまく作れない。周囲や社会から期待される「男性らしい」「女性らしい」振る舞い方ができないことや、自分の性自認や性的指向が定まっていないことに悩む人もいる。

その一方で、性愛に関する領域は、冒頭で紹介した性風俗の世界のように、発達障害のある人が引きつけられやすい領域でもある。性的なパートナーを獲得すること、異性から性的に承認されることは、自己肯定感を手軽に、かつ劇的に高めることができる経験になりうる。

日々の生活の中で他者から否定・批判されがちな発達障害のある人は、性愛の領域の中で、失われた自己肯定感をどうにか回復しようとする。しかし、そこでも障害特性が邪魔をして、かえって様々な問題に巻き込まれてしまう……という悪循環が生じる。

性愛の領域は、発達障害のある人たちが抱えている分かりづらく・見えづらい問題と、その背景にある社会課題が、最も分かりやすく・見えやすい形で顕在化する領域だと言える。

発達障害のある子どもの性を社会的に支援していくために

「はじめに」でも述べたように、発達障害のある人の性にまつわる問題は、私たちの住んでいる地域の中で起こっている、ごく身近なことである。放課後等デイサービスや学校だけでなく、家庭内でのトラブル、職場でのハラスメントの背景に、発達障害と性に関する問題が隠れているケースはたくさんある。

前述の通り、発達障害は「早期発見・早期支援」が鉄則である。性の問題に関しても、成人してからではなく、子どもの時期から適切な支援と配慮を行うことが必要だ。

幼少期から思春期に適切な支援が行われていれば、二次障害の発生を未然に防ぐことができる可能性がある。そこから、性風俗の問題をはじめ、貧困や虐待、不登校やひきこもりなど、発達障害の二次障害が影響していると考えられる様々な社会課題に対しても、解決の糸口を見出すことができるはずだ。

こうした視点から、本書では、「発達障害のある子どもの性を、どのように社会的に支援していくか」という問いを考えていく。

第一章では、障害のある子どもたちが集う放課後等デイサービスの現場で起こっている性に関する問題の現状と課題について、保護者のインタビュー、アンケート調査の分析を通して整理する。

第二章では、放課後等デイサービスで働く職員のインタビュー、アンケート調査の分析を通して、同じく現場の現状と課題を整理する。

第三章では、障害のある子どもの性を支援していく上で核となる理論＝性教育について、放課後等デイサービスでの実践例の紹介と、専門家のインタビューを通して、性教育の現状と課題を整理する。

第四章では、現在発達障害のある子どもに対して行われている発達支援（療育）やICT（情報通信技術）によるサポートの内容をレビューしながら、性に関するトラブルへの対処方法をまとめていく。

第五章では、思春期の発達障害の女子に対する支援に関する専門家のインタビューを通して、二次障害を未然に防ぐためにどのような支援が必要になるのか、そして、そのために私たちの社会に求められることを考えていく。

終章では、「発達障害のある子どもの性を、どのように社会的に支援していくか」という問いに対する答え＝提言をまとめる。

発達障害は、極めて見えにくく、分かりにくい障害である。しかし、「性」と「社会」という二つのレンズを通して見れば、その輪郭と実態、そして当事者が必要としている支援の形が、ある程度「見える」「分かる」ようになるはずだ。

＊1　発達障害の正式な病名は「神経発達障害」とされている。また、学術的な「発達障害」と、行政の政策上用いられている「発達障害」は、厳密には内容が一致していない。行政の文書などで用いられていた「発達障害」という用語が一般に用いられるようになり、社会的に広まった経緯がある。

＊2　ASDの子どもは、運動会のピストルの音、救急車のサイレン、掃除機のモーター音、笛吹きケトルなどの音に過剰に反応することがある。また理髪店のサインポールやエアコンの室外機など、規則的に動くものを好む傾向がある。法則性のある世界の中に身を置くことで、精神的

な落ち着きを得ている、と考えられている。

＊3 『自閉スペクトラム症　「発達障害」最新の理解と治療革命』（二〇二〇年・幻冬舎新書）71ページ。

＊4 発達障害の専門家チームによる判断や、医師による診断によるものではない。本調査の結果は、発達障害のある児童生徒数の割合を示すものではなく、発達障害の可能性のある特別な教育的支援を必要とする児童生徒の割合を示すことに留意する必要がある。

＊5 ASDとADHDそれぞれにおける併存症の比率については、日本国内では大規模な調査は行われていない。海外のデータでは、ばらつきはあるものの、発達障害者には高い比率で不安障害・双極性障害・うつ病・パーソナリティ障害・統合失調症・依存症など、様々な併存疾患がみられることが示されている。またIQが高く、ASDの症状が軽度な人ほど、抑うつ・不安症状の頻度が高いことも報告されている。

第一章

「放課後に脱ぐ」子どもに悩む保護者

放デイの現場で、今何が起こっているのか

全国の放課後等デイサービスの現場で起こっている「性に関するトラブル」の実態を調査・分析するために、放デイの職員、及び利用者である子どもの保護者を対象にして、現場で起こっている「性に関するトラブル」についてのウェブアンケートを実施した（二〇二一年二月九日〜九月三〇日）。

アンケートには、合計で職員二一名・保護者八八名から回答が寄せられた。本章では、保護者の回答を分析しながら、放デイの現場で子どもたちにどのような性に関するトラブルが起こっているのか、そしてそうしたトラブルに対して、保護者はどのように向きあい、対応しているのかを確認していきたい。

保護者の回答データ

保護者に対するアンケートの回答は、小学校低学年（一～三年生）の子どもの保護者が約六割を占めている。この年代の子どもが放デイの主な利用者層になっている、ということも影響しているのだろう。

小学校低学年は、一般的には二次性徴が始まる前＝性的欲求に基づく行動が目立たない時期である。この時期の子どもの「性に関するトラブル」は、あくまで保護者や周囲の大人から見ると性的に見える振る舞いをしている、ということであって、本人にはそうした意識や意図はないことが多い。

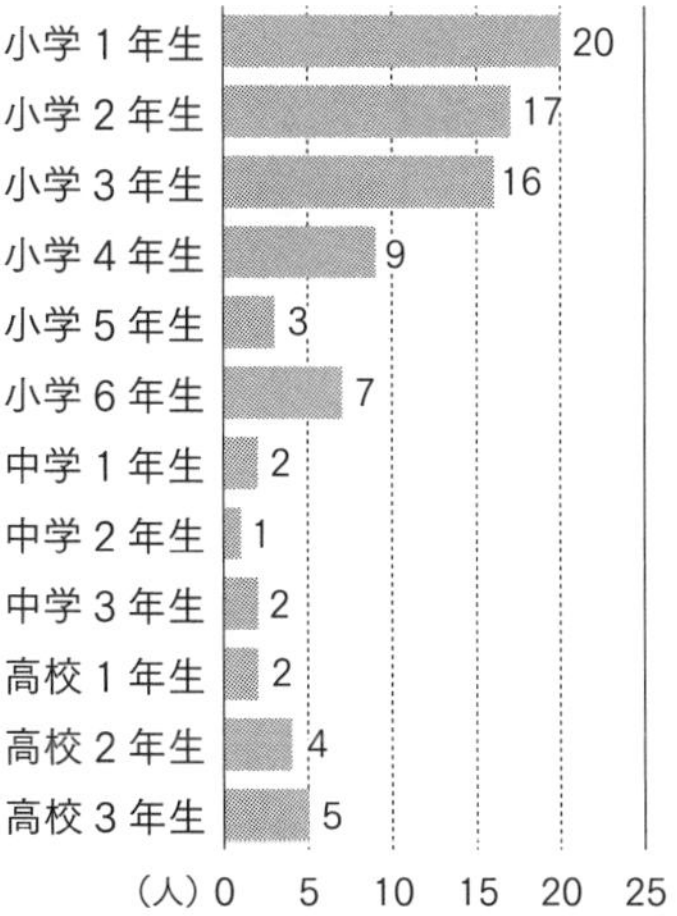

子どもの学年

放デイの現場で起こっている障害のある子どもの「性に関するトラブル」の背景には、本人の性的欲求以外の要因が絡んでいると推測される。

「現在通っている学校（学級）」に関し

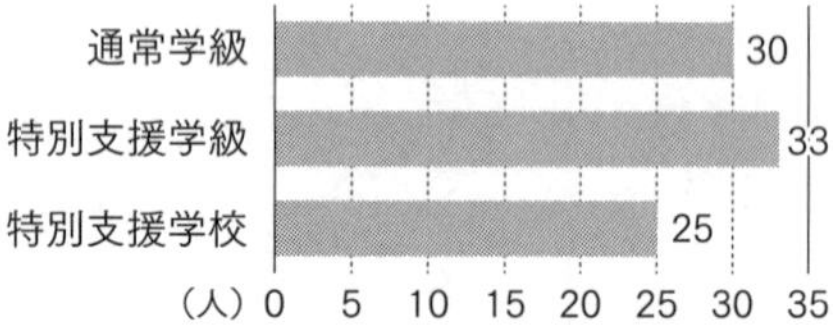

現在通っている学校（学級）

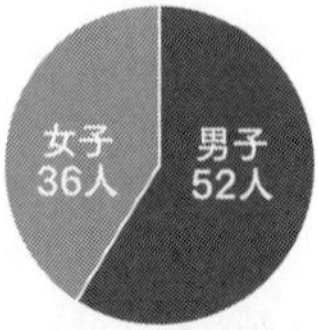

子どもの性別

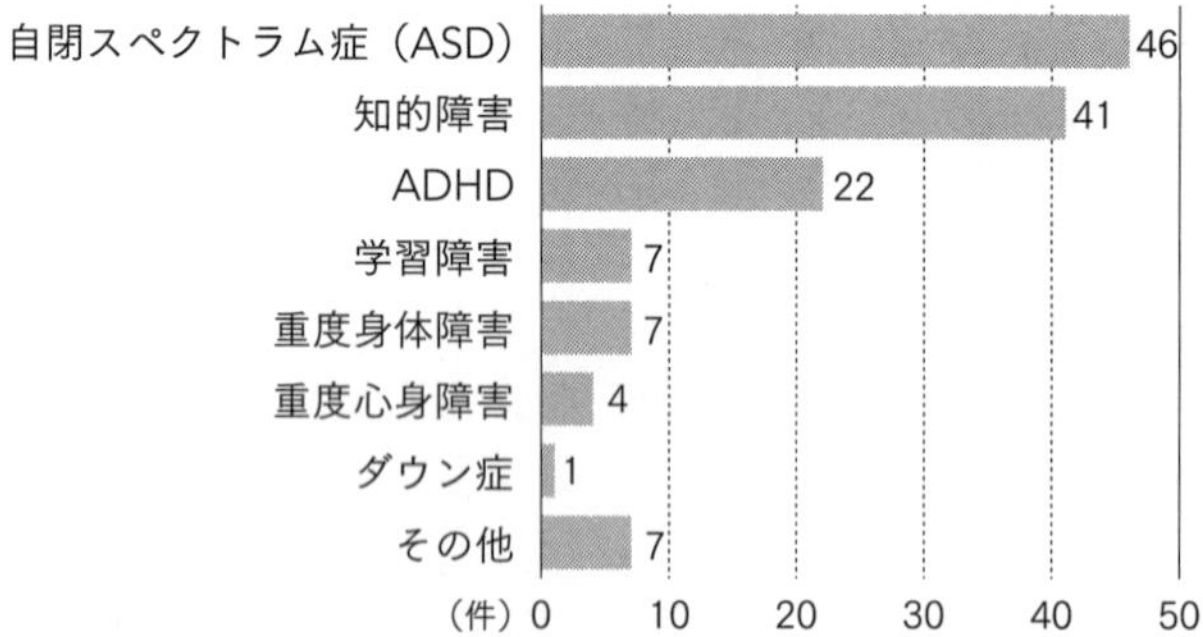

障害の種別　＊複数回答可

ては、「特別支援学級」が最も多かったが、「通常学級」という回答もほぼ同程度であった。障害のある子どもの「性に関するトラブル」は、特別支援学級や特別支援学校だけでなく、通常学級でも起こっている問題であることが窺える。

「子どもの性別」については、男子が約六割を占めている。発達障害に関して、ＡＳＤは男子の比率が圧倒的に高い（四対一程度）と言われており、ＡＤＨＤに関しても男子が目立つ傾向にあるが、今回のアンケート調査では、女子の保護者からの回答が約四割と、比較的高い割合になった。発達障害のある子どもの性のトラブルというと、どうしても男子をイメージしてしまうが、実際は女子のトラブルも多いことが窺える。

「障害の種別」に関しては、ＡＳＤが最も多い。知的障害やＡＤＨＤを伴うＡＳＤという回答も多かった。

アンケートに回答してくださった保護者の中で、追加の聞き取り調査に対して協力可能とのお申し出をいただいた方に対しては、個別にオンラインでインタビューを行い、詳しい状況の聞き取りを行った。以下、二名の方のインタビューを紹介する。

保護者インタビュー①父親：「人前で服を脱いでしまう」

横山孝雄さん（仮名・四十代）は、放デイに通っている高校二年生の息子・孝志さん（十七歳・知的障害）の習慣について、気になっている点がある。孝志さんには、幼少の頃から、人前で服を脱いでしまう癖があったという。

横山「暑がりなのかどうか分かりませんが、赤ちゃんの頃から脱いでいました。今でも、家に帰ると全裸になっています。季節を問わず、一年中です。

服を脱ぐ理由は……独特のこだわりのような感じですね。本人は、『人前で脱いではいけない』ということが、あまり理解できていない。学校やデイでは注意されているようで、一応服は着ているようです。家では誰にも迷惑をかけないので、素っ裸のままにしている、という感じです。

見た目が寒そうなので、シャツなどを着せようとするのですが、本人にとっては、寒い・暑いとかは関係ないようです。とにかく脱ぐことにこだわっている。服を脱ぐこと以外のこだわりは、そんなにありません。性的な意味も全くない。羞恥心《しゅうちしん》を感じるまで、知的には成長していないと思います。自宅で寝る時はいつも素っ裸なのですが、学校の修学旅行では、きちんと服を着て寝たそうです」

孝志さんは、小さな頃には買い物に行った先のスーパーや路上など、公衆の面前で脱ぐこともあったそうだが、最近はなんとなく「人前で脱いではいけない」ということが分かってきたのか、公衆の面前では脱がなくなってきたという。

横山「脱がなくなったのは、ここ五～六年でしょうか。中学生に上がってからは脱がなくなった。でも、車の中に入ると脱いでしまうこともあります。

寒いから着ろ着ろと未だに言うのですが、どうしても脱いでしまうので、家の中では裸でもOKにしています。こっちは困惑してしまいますが……。

寒い日には、エアコンのリモコンを持ってきて、『あったかいのください』と言うのですが、かたくなに服は着ようとしない。息子の中では、『服を着る』と『あったかくなる』がつながっていないのかもしれません。下の方は着ているが、上半身は裸になることが多い。

裸でいることについては、家族も慣れてしまっています。他の家庭から見れば変かもしれないけれども、子どもは孝志一人だけなので、現在はそのままにしておいています。

子どもの頃からずっと素っ裸だったので、たまに私の実家に連れて帰ると、パンツ一枚はいているだけで褒められることもあります」


自宅では服を脱いだ状態で過ごすことが多いという孝志さんだが、同世代の子どもたちと同様、ｉＰａｄでネットの動画を観ていることも多い。裸で動画を観ているといっても、性的な内容の動画は全く観ないという。

主に観ているのは、いわゆるＡＳＭＲ（Autonomous Sensory Meridian Response の略。聴覚や視覚に対して心地よい刺激を与えることを目的とした動画）と呼ばれる動画で、その中でも、人が大量の食べ物を食べ続ける動画ばかりを延々と観ていることが多いという。

横山「世界各国の大食いの動画をずっと観ています。ものすごい量のフライドポテトをただ食べ続けているような動画を、ずっと観ている。ちなみに本人は全く大食いではありません。

アイドルなどの動画は全く観ないですね。たまに自分の陰部を触っていることもありますが、自慰行為はしない。そもそも自慰行為を理解していない。なんとなく興味があって触っているだけに思えます。

これまで射精も夢精もしたことがないと思います。毎日チェックしているわけではありませんが、下着が汚れていることもない。女の子に対してつきまとったりするようなことも今まで一度もない。学校の運動会でも、女の子に近づいたりするようなことはない。

学校やデイの男の子の中には、おっぱいが好きだったり、性的な言葉を連呼したり、アイドルの動画を熱心に観ている子もいるみたいですが、孝志には、今のところ性的な関心や欲求があるようには思えないです。家の中では、いつも家族の目の届くリビングにいるので、自慰行為をはじめ、本人が変なことをすればすぐに周りが気づきますが、そうしたこともない」

孝志さんの行動について、学校の担任や放デイの職員に相談したことは、これまで一度もなかったという。

横山「学校やデイサービスでも、これまでそういうことがあったのかもしれないけれど、向こうから言われない限り、こちらも分からない。担任の先生と、これまでそういう話になったことは一度もありません。デイにも、小学一年生の頃から一一年近く通っていますが、職員の方とそういう話になったことはない。

親同士でも、そこまでは話さない。母親同士ではあるのかもしれませんが、父親同士で話をする機会がない。私は学校の運動会や学習参観にも行きますが、そうした場で父親同士が話しあうことは、不思議なくらいにない。ジェンダーの問題が影響しているのかもしれません」

孝志さんの「服を脱ぐ」という行動に対しては、根気強く「脱いだら着せる」という対応を続けている状況だという。

横山「脱ぎづらい服を着せても、意地でも脱ぐだけ。いつ脱いでいいのか、ダメなのかは本人には分からないので、脱いだら着せるしかない。根気強く、脱いだら着せる、を続ける。学校でもそのように対応してくださっているのだと思います。

今は性器に触ることはあっても、自慰行為にはつながっていません。生理的に勃起はしているけれども、性的に興奮して勃起することはない。勃起からどうやって射精につなげるかについても、分かっていない。

でも、どこかのタイミングで覚えたら、さらに困ったことになる。そうなった時は、人前ではないところで隠れてやる、ということを教えて行かないといけない時が来るのかなと思っています。するなと言ってもするでしょうし。親としては、一生覚えずにいてくれれば、それはそれで楽ですが。こちらから具体的な方法を教えることはないですが、本人が自然に自慰行為を覚えた場合、マナーも一緒に覚えてもらわないといけない」

性的な欲求がないように見える男性に、自慰行為の方法を教えるべきかどうか。教えるとしたら、いつ・どこで・誰が・どのように教えればいいのか。知的障害児・者の支援の中で昔から議論されてきた問いだが、今のところ正解はない。

横山「自分が思春期の頃を思い出しても難しいとは思いますが、性に対する教育や支援はきちんと標準化された方がいい。学校やデイは、性に関する問題が起こった場合、裏に隠さないで、表に出してほしい。オープンにして、皆で話した方がいいと思います」

現在、横山さんは、孝志さんが学校を卒業した後に通うことができる作業所を探している最中だという。

横山「現在の制度では、十八歳までは手厚い支援がありますが、十八歳を超えると途端に手薄になってしまいます。土曜日も開いているデイサービスがなかったり、親が仕事を休まないといけない場合もある。高校を卒業した十八歳以降も、障害のある子どもが、地域の中でこれまでと同じ質の支援を受けられるようにしてほしいです」

保護者インタビュー②母親：「過度の密着」

板谷真奈美さん（仮名・四十代）は、中学三年生の息子の哲也さん（十五歳・知的障害／ＡＳＤ）を二か所の放デイに通わせている。哲也さんは、年長（五歳）の頃から放デイを利用している。

板谷「地元のデイになかなか空きがなくて、最初は三か所を利用していました。当時は見学に行っても空いていない事業所が多かった。空いている事業所はずっと空いているのですが、実際に見学をしてみて、気になる点があったところはやめました。

それから二か所にまとめたのですが、行き始めると、特にやめる理由がないので、併用のまま続けています。どちらも、定員一〇人の小規模なデイです。一四～一五時にデイのスタッフの方に学校まで息子を迎えに行ってもらって、一七～一八時に家に送ってもらう、という流れです」

現在、板谷さんが放デイでの哲也さんの行動で気になっている点は、スタッフや利用者に対する過度の密着だという。

板谷「デイのスタッフや他の利用者にピタッとくっつく。肩や背中にもたれかかったり、背中から抱きついたり。特定の身体の部位に固執しているというよりは、ただ誰かと密着したい。触れあいたい。こうした傾向は小さい時からあったのですが、小学校高学年くらいから『そろそろまずいよね』と考えるようになりました。

どうやら異性か同性かはあまり関係ないようで、身体の大きい人が好きみたいです。肉の感触というか、くっつくと気持ちいい。私のほっぺや二の腕を触りたがる。肉の感触を確かめているような触り方をする。

デイでも、やせたスリムな人よりは、身体の大きい人、柔らかい感じの人を好むようです。おじさんスタッフのおなかをつかみにいったり。学校の先生にも、『そうした触り方はやめなさい』と止められたこともありました」

そうした哲也さんの行動に対して、どのように対処しているのだろうか。

板谷「『今日こうやったので、止めました』『誰彼構わずくっつくことがあります』という報告を学校やデイから受けています。連絡ノートに書いてあることもあります。その都度、『今は甘えたい時期なのかもしれません』と答えたり、『特別な相手に固執していますか？』とこちらから状況を尋ねることもあります。

対処法としては、まずその場にいる人に対応をお願いするしかない。その人たちが、息子の行動を見てどう感じたか。そのことについて、家での様子も含めて、お互いに情報共有をするという形です」

誰彼構わず密着をしたがる状況が続いたため、板谷さんは「もっと強い言葉で叱った方がいいのかどうか」、哲也さんの主治医に相談したことがあった。

板谷「先生に相談したところ、『哲也さんは甘えん坊だもんね』と、息子のキャラクターと捉えている様子でした。

親としては、もうこんな年だし、もっと神経質に対応した方がいいのかな……と思っていたのですが、先生はそう捉えていない。『こういう子だもんね』という感じです。『お母さんが嫌だなと感じない限りは、応じてあげてください』と言われました。異性の親子なので、女性として嫌だなと思ったらその感覚を優先して、ということだと思います。

実際に私がその場を見ているわけでもないので、デイのスタッフや学校の先生方の受け止め方だけを見ていると、まだそういう（性的な）問題にはなっていないのかな……と思います。ただ、いつそうした方向に変わっていくのかは分からない。

実は特定の相手に興味があったとか、女性の胸など、腕よりももっと柔らかい部分があることに気づいたらどうしよう、という心配はあります。

うちの子は特に胸に固執することはなく、二の腕やほっぺたをつまんだりさすったりすることが多いです。性的な欲求があるわけではなく、異性の親子だから云々、という感じでもないのですが、もう身体も自分より大きくなっているので、あまりベタベタされるのはちょっと嫌だな……という部分は出てきている。

いつも誰かと一緒にいたいから甘えているだけなのかなとも思いますが、いつまでもこの認識でいいのかな……と思う時もあります」

他人との距離の取り方について、学校や放デイで学ぶ機会はあるのだろうか。

板谷「その場になって学ぶ感じだと思います。『ちょっと離れようか』『触っちゃだめだよ』という感じで。どうしても場当たり的になってしまうのかも。大人の目と手がたくさんあるからこそできる対応だとは思います。

他の保護者から、『他人にベタベタ触ることに関して、デイでは許しているけれども、学校では許していない。そこを統一してほしい』という意見を聞いたことがあります。

親としては、中学生になったからそろそろベタベタをやめたい、女の子に触るのはNGにしたい、と思っているのに、デイでの遊びや作業で手をつながせてしまうとか。学校でもデイでも、何かしらの基準があった方がいいとは思います」

板谷さんの家庭では、小学生の頃から「プライベートゾーンに触るのは、トイレか、お風呂か、自分の部屋で」と教えていた。

板谷「『ちんちんを触るのであれば、お部屋に行かなきゃダメだよ』『トイレで触るんだよ』と伝えていたら、その都度『ちんちん、お部屋、いいですか？』と私に確認してくるようになってしまって。隣近所に聞こえそうな大きな声で『ママー！　ちんちん、お部屋、いいですかー!?』と聞いてくることもあります。教え方のプランをもっとうまく立てればよかった……と反省しています。

でも、いきなり触らずに、きちんと事前に確認を求めること自体は、良いことだと思います。今は『ちんちんは言わなくていい』『お部屋でいいですか？』と言えば『いいですよ』と言うから大丈夫だよ、と教えています」

性に関するマナーを教えること自体は、早い段階でやっておいてよかった、と板谷さんは考えている。一方で、自慰行為に関しては、どう教えればよいか、そもそも本人にそうした関心があるのかどうか、まだ分からないという。本人とも、特に性の話はしたことがない。

板谷「自分で検索してネットの動画を観られるようにしていますが、性的なイメージのものは全く観ていません。本人なりに好きなアニメの場面があり、その動画を観ていることが多いです。またＮＨＫの『おかあさんといっしょ』の歌や、小学生や幼稚園児が合唱しているチャンネルも観ています。小学生の女の子のことがすごく好きな気がするのですが、性的な好奇心からではないかもしれない。自分の中での小学校時代の良い記憶や思い出と結びついているのかもしれません。

ただ、動画を観ることをなかなか止められなくて、困っています。深夜二～三時になってしまうこともあります。最初から、一定の時間になったら画面が止まるように設定しておけばよかったのですが……。無理矢理止めたら暴れると思うので、説得して止めるようにしています。

自慰行為については、性器を触ることがあっても、実際に射精まで達しているかどうかは分からない。ティッシュをボール状に丸めるのが好きなのですが、その中に入っているのかどうかは分からないです」

今後、性に関する問題に向きあっていくために必要なこととして、板谷さんは「現状を知っている人との情報共有」を挙げる。

板谷「男の子の性に関して具体的な問題が起こった時は、男性の力を借りたい。支援者は女性の割合が多く、家族だと難しい部分も多いので、代わりに本人に話をして、問題の解決を手伝ってくれる男性がいれば。

学校では難しいと思うのですが、デイの中で、男性の職員が、本人の知能指数なども理解した上で、本人に話してくれるようなサービスや仕組みがあればいいなと思います。

以前、保護者同士での話し合いの中で、性教育をしてくれる専門家に講義を依頼することを検討していたことがありました。学校でやっている性教育は、命の大切さ、生命の神秘など、抽象的な話になりがちです。

もちろんそこも大切だけど、実際に小中学生の息子を持っている母親にとっては、男の子の性は未知な部分が多すぎるので、もう少しリアルな話が聞きたい。健常のお子さんたちだったら、男の子同士の界隈で自然と耳に入りそうな情報があるじゃないですか。そのような感じで、もう少しリアルな話をしてほしい。学校で先生から聞く話も大事だけれど、プライベートの話だから実感を持って伝えられることもあると思います。

これから子どもの性にどう向きあっていくかについては、未知の世界なので、どうしても場当たり的な対応にならざるをえないのかなと思います。うちの子も恋愛や性などの場面にぶつかるのかな……と考えることもありますが、まだ想像がつかない。『人前でいじらない』ことは小さい頃から教えてきましたが、そこから先をどう教えればいいのかについては、考えていなくて。ここから先は未知の問題です」

板谷さんも、卒業後の問題については、今から一定の不安を抱えている。

板谷「一番心配なのは、高校を卒業するまでしかデイには行けないということです。『卒業した後も、作業所などで、今デイでやっているような活動もできますよ』と言われますが、うちの子は同年代の子と一緒にいるのがとにかく好きで楽しくて……というタイプなので、今のデイみたいに、みんなで工作やおでかけ、ゲームをする場所があれば。

十八歳までといわず、仕事は仕事であったとしても、週一回は遊びメインの時間が取れるような場があればと思います。

障害のある子どもの中には、スマホを持って友達同士で出かけられる子もいるかもしれませんが、うちの子はそうではないので、友達づきあいは親や周りが率先して構築してあげないと、付き合いが途切れてしまう。十八歳以降の関係性を継続できるような仕組みが必要だと思います」

ウェブアンケートの回答データから見る保護者の悩み

横山さん・板谷さん共に、インタビューの中では、子どもが人前で服を脱ぐ、職員や他の子どもたちに過度に密着するなどの行為に対して、「とにかく服を着せる」「その場で注意する」など、場当たり的な対応になってしまっていることを述べていた。

子どもの性に関するトラブルについては、学校やデイと十分な情報共有をしない（で

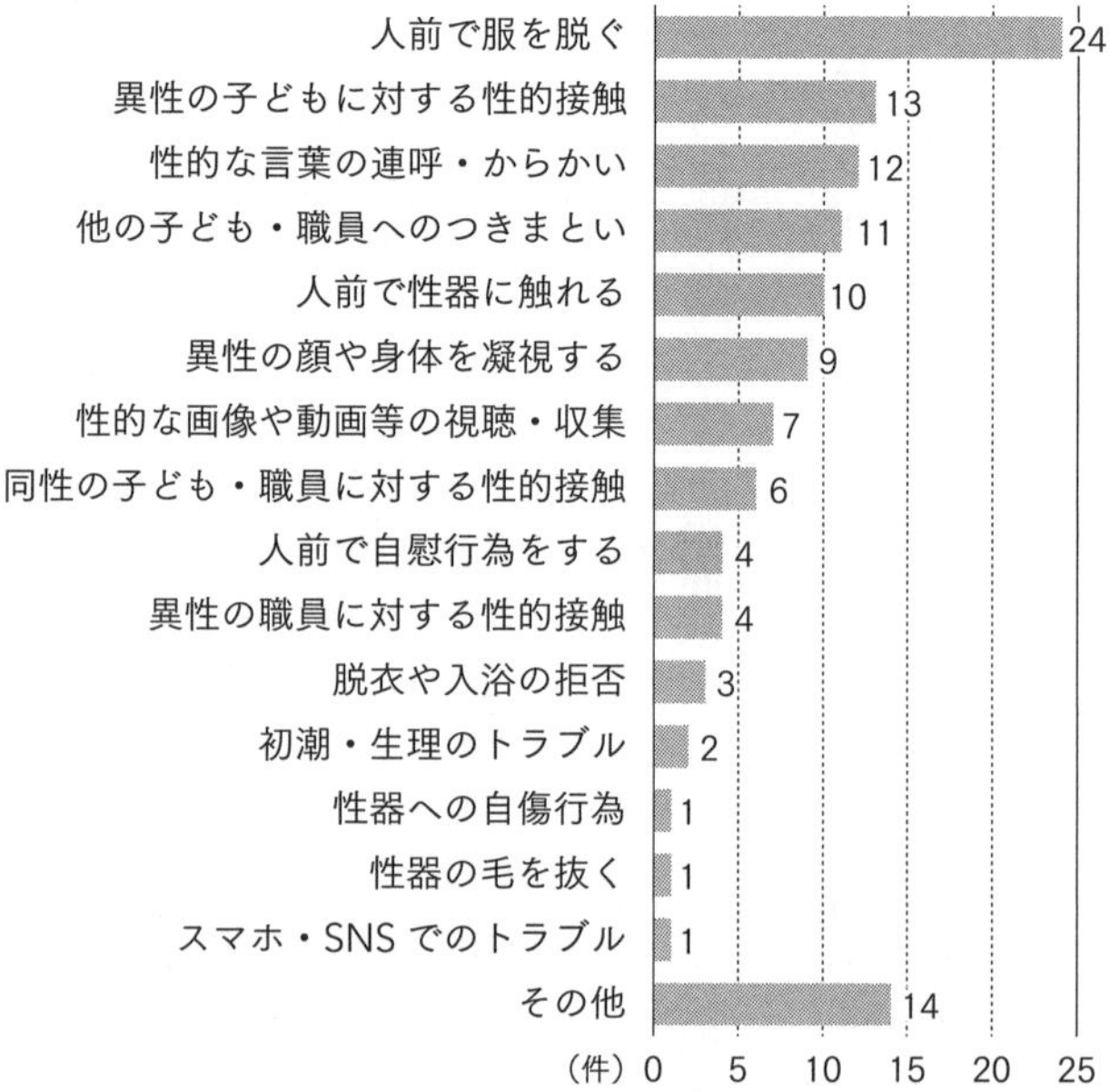

性に関するトラブルの内容（保護者回答）　＊複数回答可

きない）まま、その場その場で行動を修正するための対症療法的な対応を繰り返すしかない、という状況が続いていることが窺える。

　また共通の心配事として、「卒業後の不安」が挙げられたことにも注目すべきだろう。性に関するトラブルを解決できないまま、高校卒業以降に公的な制度によるサポートが手薄になる中で、子どもを社会に送り出さなければならないことへの不安は、障害のある子どもの保護者にとって大きな精神的負担になっていると思われる。

こうした点を踏まえて、改めて保護者に対するアンケート結果を見てみよう。

子どもの「性に関するトラブル」の具体的な内容として、最も多く寄せられたのは「人前で服を脱ぐ」(24件)であった。

- 他の児童がいる前で突然、自分が身につけているズボンを下ろして性器を見せる行為をしています(小一女子・ASD)
- 人前で当たり前のように服を脱いだり性的な発言をしてしまい、周りのママたちにびっくりされた。(周りのママたちが、自分たちの子どもに)私の子どもに近づかないように、と伝えていた(小一女子・ADHD)
- いきなり人前で服を脱いで走り回ったり、同性の同級生の子の身体をベタベタ触ったことがあります(小二男子・知的障害)
- 突然先生が話をしている最中にシャツとズボンを脱ぎだした(小四女子・知的障害)
- 同級生に対して局部を見せたり、(局部を見せるよう)要望したりしたケースがあり、教師から報告を受けたことがあります(中三男子・知的障害)

・羞恥心がないので、デイで着替えをする時、水遊びをする時など、全裸になってしまうことがあるようです。もう高校生なのでさすがに少し困っています（高二男子・ASD／知的障害）

「人前で服を脱ぐ」行為については、小一から高二まで、幅広い年代から回答が寄せられている。男子だけでなく、女子からの報告も多い。「人前で性器を見せる」行為についても、男女を問わず回答が寄せられた。

性的な言葉の連呼・からかい

次いで多かったのは、「異性の子どもに対する性的接触」（13件）、「性的な言葉の連呼・からかい」（12件）、「他の子ども・職員へのつきまとい」（11件）である。

・「おっぱい」を連呼するようになり、家族の胸を見ながら大きい、小さい、とからかうようになりました（小一男子・ADHD）

他の子ども・職員へのつきまとい

「異性の子どもや職員に触ってしまう」以外にも、「異性の子どもから身体を触られて困っている」「つきまとわれて困っている」「抱きつかれて困っている」という回答も寄せられた。子どもたちの集まる教室や放デイの現場では、それぞれの子どもたちが「触る側」「つきまとう側」だけでなく、「触られる側」「つきまとわれる側」にもなる可能性がある、ということが分かる。

- 一方的に好意を持ってしまったお友達に一日中つきまとって思い通りにならないと泣いて怒ります（小二女子・知的障害）
- 異性でも、小さい時には一緒に着替えたり、普通に触りあっていたのに、大きくなってはなぜダメなのかが分からない様子で、みんなの前で着替えてしまったり、一緒に遊びたくて、追いかけまわしてしまう（小四女子・ＡＳＤ）
- クラスの同級生の女子生徒に対して不必要につきまとう（小六男子・ＡＳＤ）

発達障害のある子どもの「性に関するトラブル」として取り上げられることの多い

「人前で性器に触れる」（10件）と「異性の顔や身体を凝視する」（9件）は、ほぼ同数で並ぶ結果になった。

- 手持ち無沙汰な時や不安が高まった時などに、手近なおもちゃであるかのようにズボンの中に手を入れてしまいます。まだ恥ずかしいという概念はありません。周りの先生方やお子さんたちがビックリしますし、衛生的にも懸念があります（小一男子・知的障害／ASD）
- 自分の性器を触ってしまいます。暇になるとするようで、スーパーなどでもするので困ります（小一女子・知的障害／ASD）
- 友達からの影響で自分の性器を触るようになった。トイレに行ったら必ず触りだします（小三男子・ASD／ADHD）
- 好きな男の子の顔や身体に興味があり、じっと見つめることが多かったです（高三女子・知的障害）

「人前で性器に触れる」に関しては、必ずしも自慰行為を目的としているわけではない。

「まだ触り方が分からないのか、座って大股を広げ膀胱を押さえつける行為をする」という回答も寄せられた。

「異性の顔や身体を凝視する」については、「凝視する側」ではなく「される側」＝異性の子どもから顔や身体を凝視されて困っている、という回答も見られた。

「性的な画像や動画等の視聴・収集」（7件）に関しては、「人前で自慰行為をする」（4件）と関連した回答が寄せられた。

・いつからかは不明ですが、性行為に興味・関心がとても強くなったようで、スマホ等でそういう画像を沢山探して、自慰行為に発展していて。私が横で寝ているにもかかわらずそういう行為をする時もあり、やめろとも言えず知らぬふりをしています（小六男子・重症心身障害）

「異性の職員に対する性的接触」（4件）については、「胸や尻などに腕や肩などで擦り寄る」（小二男子・知的障害／ＡＳＤ）といったものから、「服の中に手を入れる」（小五男子・知的障害／重度身体障害）、「ふざけたような感じで『おっぱい』と言って女性職員さんの胸を触ってしまいます」（中一男子・知的障害／自閉症）など、大人であれば性犯罪になるような行為まで、様々な内容の回答が寄せられた。

小学校低学年の保護者の回答が多かったせいか、「初潮・生理のトラブル」は2件、「スマホ・SNSでのトラブル」は1件に留まった。

「その他」（14件）の内容は、「いきなり脱ぎ始めて自慰行為に及び始めた」（小三男子・ASD）、「スーパーのレジの前で突然お腹を出してしまったり、パンツが丸見えの座り方が直らない」（小三女子・知的障害／学習障害）、「コンビニ、お店等のトイレの中で性器を出して射精している。トイレに行った時は三〇分から一時間トイレから出て来ないことがある」（小六男子・知的障害／ASD／ADHD）など、家庭や放デイの外＝地域社会の中でのトラブルがいくつか寄せられた。

「こうした『性に関するトラブル』の背景には、どのような理由があるとお考えになられていますか」という質問に対しては、「障害特性」という回答が最も多かった（32件）が、「障害特性」だけを単独でトラブルの理由として挙げる人はむしろ少なく、「精神的ストレス」（26件）、「生活技術（ソーシャルスキル）の不足」（24件）、「日常生活動作

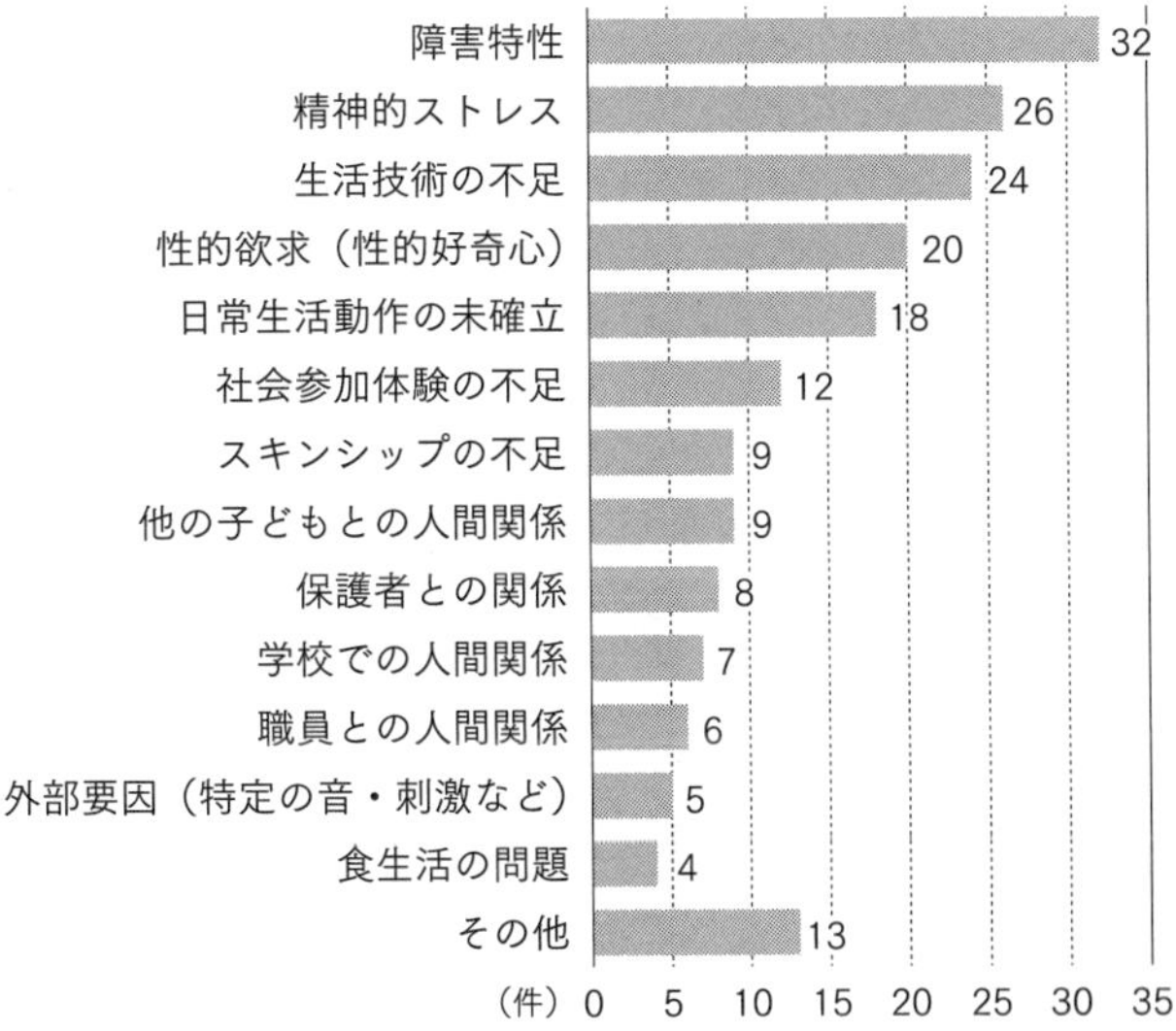

トラブルの背景にあるもの（保護者回答）　＊複数回答可

の未確立」（18件）を並行して挙げる回答が目立った。

同様に、「性的欲求（性的好奇心）」という回答も全体で四番目に多かった（20件）が、それだけを単独でトラブルの理由として挙げる人は少なかった。

また、家庭・学校・放デイでの人間関係（他の子ども・保護者・学校・職員）がトラブルの背景にある、という回答は、合計すると30件になり、単独で最も回答数の多い「障害特性」に次ぐ。

保護者の視点から見ると、「性に関するトラブル」は、相手の気持ちが分からない、場の空気を読めない、多動や注意散漫といった本人の障害特性だけが原因で起こっているわけではない、ということが見えてくる。同様に、本人の性的欲求だけがトラブルの原因になるわけでもない、ということも分かる。

子ども本人の生活技術（ソーシャルスキル）の不足、日常生活動作の未確立、家庭・学校・放デイでの人間関係に伴うストレスが背景に歴然として存在しており、それに本人の障害特性や性的欲求・性的好奇心が絡みあうことで、周囲から「性に関するトラブル」としてみなされるような状態が生じてしまう、と言えるだろう。

「こうした『性に関するトラブル』が起こった時、どのように対応しましたか」という質問に対しては、「放デイの職員と情報を共有して対応を考えた」（37件）という回答が、「学校と情報を共有して対応を考えた」（14件）という回答よりも圧倒的に多かった。

この背景には、学校よりも放デイの方が、子どもたちが「素の自分」を出しやすく、結果として学校よりも「性に関するトラブル」が起こりやすい空間であること、そして保護者にとって、学校の担任教諭よりも放デイの職員の方が、性に関するトラブルが起こった時に相談しやすい存在である、といった理由が考えられる。

一方で、二番目に多い回答としては、「誰にも相談せず、特に何の対応もしなかっ

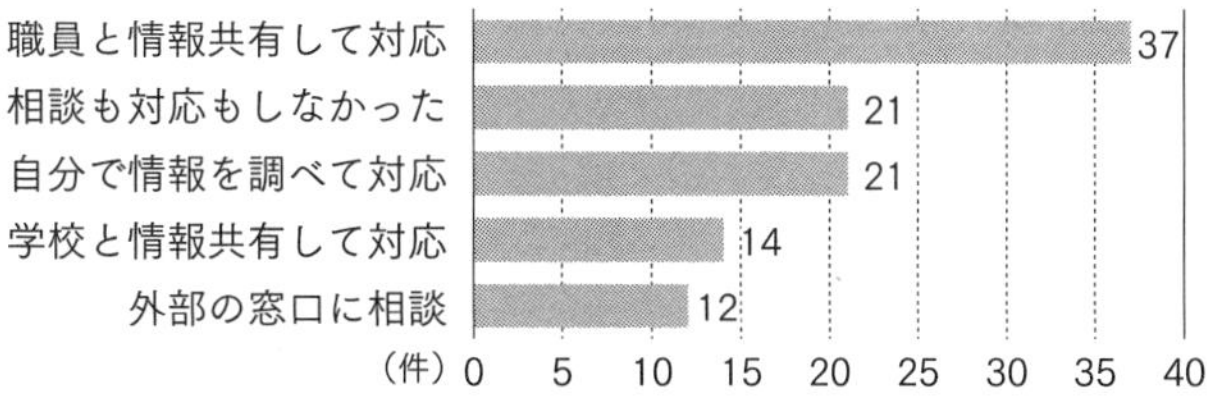

トラブルへの対応方法　＊複数回答可

た」と「自分で情報を調べて対応」という回答が同数（21件）で並んでいる。保護者が誰にも相談せず、一人で問題を抱え込んでいるケースもまだまだ多いことが窺える。

「外部の窓口に相談」という回答の中では、相談先として、地元の社会福祉協議会、社会福祉士、療育教室の先生、小児科の主治医などが挙げられた。「相談センターの先生に相談しました。話を聞いていただいただけでこちらはすっきりしましたので、それ以降は何もなく対応していません」（高三男子・ADHD）という回答もあった。性という公の場で話しづらい問題について、誰かに話を聞いてもらい、共感してもらえるだけでも、保護者の精神的な負担は減るはずだ。

子どもの性に関するトラブルを解決するために実施した具体的な方法としては、以下のような回答が寄せられた。

・人前で服を脱ぐことがなぜいけないのかを、時間をかけて教えています（小一女子・ASD）

・汚いからやめるように声がけをした（小一女子・ADHD／学習障害）

・プライベートゾーンに触れないことを繰り返し伝えた（小五男子・知的障害／重度身体障害）

・本人に触ってはいけない場所があると何度も言い聞かせる（小二男子・ASD／知的障害）

・放課後等デイサービスの支援員から「それは……」と少しなだめてもらって、そういうものだということを何度も言ってもらっています（小三女子・知的障害／学習障害）

「してはいけない」（禁止）と「なぜいけないのか」（理由）を繰り返し伝える

「してはいけない」（禁止）と「なぜいけないのか」（理由）を繰り返し伝えることは、性に関するトラブルが起こった際に周囲の大人が行う、最もベーシックな対応だが、障害のある子どもの場合、口頭で「してはいけない」と注意するだけでは、問題の根本的な解決には結びつかないことも多い。「なぜいけないのか」という理由を言葉で論理的に説明しても、理解や行動の変化にはつながらないケースも多い。

自分の身体に関する知識とルールを教える

「してはいけない」（禁止）と「なぜいけないのか」（理由）を繰り返し伝える以外の方法として、絵本や性教育を通して、まずプライベートゾーン＝人前で他人に見せてはいけない場所を教える、という回答が寄せられた。確かに、そもそもプライベートゾーンがどこにあるのかを理解していない段階で、「してはいけない」（禁止）というメッセージだけを伝えても、効果は薄いだろう。言葉ではなく、絵本などの視覚的な形で情報を伝える、というアプローチも有効である。

- 性教育を少しずつ始めていますが、五分もたたずに飽きてしまい多動になるので、本人のペースに合わせて少しずつ始めています（小一女子・ＡＤＨＤ）
- 絵本で説明。プライベートゾーンをまずは認知させることから（小二女子・ＡＳＤ／ＡＤＨＤ）

物理的に距離を取る

「放デイを利用しない」「物理的に距離を取る」というアプローチについては、あくまで一時的な対処法であり、根本的な解決にはならない。放デイに通わせないことで親の負担が増えてしまうが、行動が落ち着くまでの一時的な選択肢としては有効だろう。

- （自分の子どもが、つきまといや抱きつきなどの行為をしてしまう）対象の子が利用する時は（放デイに）行かない（高一男子・ＡＳＤ）
- （クラスの同級生の女子生徒に対して不必要につきまとうため）担任と相談し、席の位置を遠くに離した（小六男子・ＡＳＤ）

学校や放デイと連携して、チームで対応する

トラブルを解決するために実施した具体的な方法として、最も回答の多かった内容は、学校の担任教師や放デイの職員、医師などに相談・連携して対応した、というものであった。

・(人前で気にせずに服を脱いでしまうことについて) 先生と相談して色んなことを試してみた (小一女子・ASD)

・同じ境遇の方に話を聞きアドバイスをもらった (小二女子・学習障害)

・同性の子と遊びたいがために軽く抱きついたようで、お互いの距離感が分からずに口頭で説明するのが難しかったようです。そのため、担任と相談して (いきなり抱きつく前に) 口で説明するよう、(本人に) 教える旨をお願いしました (小三男子・ASD)

・抱きつかれそうになった時は、先生に間に入ってもらうようにした (小四男子・学習障害)

・(友達からの影響で自分の性器を触りだし、トイレに行ったら必ず触るようになったので) 先生にトイレについて来てもらい付き添いを常時してもらいました (小三男子・ASD／ADHD)

・人前で服を脱いではいけないと説明し、教員の方も注意してみてくれるようになりました (小二女子・知的障害)

・職員に相談して (人前で自慰行為を始めた場合) 止めるようにお願いした (小三男子・ASD)

- 先生に連絡をして、娘・私（母）・保健師の三人で、望まない妊娠などの性について話し合いをして教えました（高三女子・知的障害）
- ネットで解決方法を調べたり、以前に同じような症状が出ていた子が居なかったか職員の皆様に聞いた（小四女子・知的障害）
- （ADHDの男子に胸を触られたことを）職員に相談して、（胸を触ってきた相手である）男の子のご両親とも情報を共有しました（小三女子・ADHD）
- 連携サービスというものがあるので、学校とデイで同じ対応をするように話し合ってもらえました（高二男子・ASD／知的障害）

性に関するトラブルは公の場で話題にしづらく、相談しづらい事柄である。その一方で、障害のある子どもの性に関するトラブルについては、問題の解決のために、放デイの職員や学校との情報共有や連携を行っている保護者も少なくない、という現状が窺える。

性に関するトラブルの背景に、学校や放デイでの環境や人間関係に伴うストレスが関わっているのであれば、それは学校や放デイと情報を共有し、連携することによってしか解決できない。

学校や放デイとのチームプレイという回答が多く挙げられた背景には、子どもの性に関する保護者の意識が高まり、トラブルの解決に積極的になっている、というだけでなく、「それ以外に解決する方法がないから」という消極的な理由もあるのだろう。

性に対する関心自体は否定せず、ＴＰＯに合わせた指導をする

性に関するトラブルそのものを直接解決しようとするのではなく、他の遊びや課題を提供することで子どもの注意や関心を違う方向に逸らして、間接的にトラブルを解消する、という回答も寄せられた。

- 他に意識を向けるために、いろいろな遊びを仕掛けたり、課題を提示したりしました。
- 性器を出した時には過剰に反応せず、ダメだということをジェスチャーを交えて端的に伝え続けました（小一女子・ＡＳＤ／知的障害）
- （性器に）触っていても悪いことではないので、ダメと否定せず場所を変えたり代替案を提示するようにお願いしました（小六男子・ＡＳＤ／知的障害）

・一方的にやめさせず、「そういう言葉は大きな声で言わない。ビックリしたり、気持ち悪いと思う人がいるかもしれない。お父さんやお母さんの前で話すのはかまわない」と伝えて、どのようなことまで理解しているのかを様子見しました（小三男子・ASD／ADHD／知的障害）

・身近で支援してくださる方と情報共有をしながら、行動をやめさせるというより、他のことへ興味をそらす方法で対応をしています（小三男子・ASD／知的障害）

頭ごなしに否定したり、叱りつけたりするのではなく、性に対する関心や行為自体は否定せずに、周りに迷惑がかからない、かつ本人が落ち着ける空間に誘導するなどの代替案を提示する。

これは障害のある子どもに性教育を行う際の基本的なアプローチである（詳細は第三章）。保護者の間でも、一定の割合で、こうしたアプローチに基づく対応がなされていることが窺える。

行動の背景にある気持ちを手当する

障害のある子どもに性教育を行う際に、もう一つの基本となるアプローチは、「行動の背景にある本人の気持ちを理解して、それに対する手当を行う」ことである。

・毎回ではないので、その都度「大事な所は触らないように」と注意した。（抱きついたがる子どもに対して）「抱っこだけだよ」など甘え方を伝えた（小二男子・知的障害／重症心身障害）

・私（母）も含めて女の子には触りません、と（指導）していたが、それが逆に不安定さを引き起こしたのかと思い、頭をなでる、肩に触れる程度の接触（母→息子）を再開。あとはひたすらデイのスタッフ、学校の先生に現状をお伝えして、様子を見守ってもらっています（中三男子・ASD／知的障害）

障害のある子どもの性に関するトラブルに対しては、理論的にも現実的にも、学校や放デイの職員と情報共有・連携した上で、「性に対する関心自体は否定せず、TPOに合わせた指導をする」「行動の背景にある本人の気持ちを理解して、それに対する手当を行う」という二つのアプローチの積み重ねで対処していくことになるだろう。

一方で、「特に無理矢理解決しようとしなかった」「何もしなかった」という回答もいくつか寄せられた。「生理時に情緒不安定になることは障害があるなし関係ないものなので問題なく対応できた」（高三女子・ＡＳＤ／知的障害）という回答もあった。

性に関するトラブルの中には、一定期間、放置や黙認することで解決する場合もあるし、障害の有無と関係のないものもある。そもそも特定の行為を一律に「トラブル」とみなしてしまう周囲の大人の側に問題があるケースもある（詳細は第三章で述べる）。

「こうした対応の結果、『性に関するトラブル』が解決できたかどうか」という質問に対しては、全体の約四割（35名）が「解決はしていないが、引き続き対応を継続している」と答えている。「全て解決した」という回答は約二割（19名）にとどまっている一方で、「解決できなかった」という回答は全体の一割以下（６名）と少数である。

性は、歯磨きや食事、入浴と同じ、日常生活行為である。日常生活行為をうまくこなすためのスキルを身につけるためには、魔法の方程式があるわけではなく、日々の暮らしの中で、同じことを根気強く繰り返していくしかない。対症療法の繰り返しに思えるが、その繰り返しの中で、本人のスキルは着実に上がっていく。一人でできることや、理解できる事柄も、少しずつ増えていく。「全て解決した」という状態にはなかなかたどり着かないが、「解決できなかった」という結果に終わることも少ない。
だとすれば、性に関するトラブルに対処するためには、子どもの頃はもちろん、高校を卒業した後も、生活習慣や対人関係のトレーニングを続けていくしかない。トレーニングの場を確保し続けるしかない。

そう考えると、保護者インタビューの中でも挙げられていた「高校卒業後の居場所がない」という問題は、卒業後も継続してトレーニングを受けられる場所がない＝性に関するトラブルに対処していく術がなくなる、という深刻な問題につながる。

「障害のある子どもの『性に関するトラブル』の解決について、今後必要だと思うことを教えてください」という質問に対しては、「職員と保護者の情報共有」（59件）と「学校との情報共有」（39件）を挙げる回答が多かった。

「学校での性教育の拡充」（31件）や「家庭での性教育の拡充」（25件）よりも、放デイ職員や学校との情報共有の必要性を挙げる回答が多かったことは、発達障害のある子どもの性に関するトラブルの実像を表しているように思える。人間関係の中で起こる問題に対しては、人間関係の中で解決するしかない。教育による知識の伝達やガイドラインの策定は、あくまで問題を解決していくための手段であり、それ自体が目的ではない。

性に関するトラブルについて、保護者が一人で丸抱えするのではなく、放デイの職員や学校と情報を共有しながらチームで対応していく仕組みを作ること。そして、そうした仕組みを、高校卒業後も別の組織・制度の中で、継続して維持していくこと。

この二つを実現することができれば、障害のある子どもの性に関するトラブルに対して、保護者が余裕を持って対処していくことができるようになるのではないだろうか。

次章では、日々現場で子どもの性に関するトラブルと向きあっている、放デイ職員の声を聞いてみよう。

第二章

立ちすくむ職員、立ち向かう職員

放デイ職員インタビュー①：男性・二十代

「子どもが人前で脱いだり、性器に触ることについては、日常過ぎて特に意識したことはないです」

ある地方都市で放デイの職員として働く松下英介さん（仮名・二十代・男性）は、そう語る。

松下「普通の学童であれば、大きな問題になるのかもしれませんが、放デイでは感覚が違います。人前で自慰行為をするような知的障害が重めの子どもがいる場合、そうした子と比較してしまうので、『脱ぐだけか』と思ってしまいます。

また、小学校低学年という年齢であれば、健常児であってもそうした振る舞いをするだろうな、と思う時もあります。発達障害の子に関しては、年相応の振る舞いなのではないでしょうか。自分が小学校低学年の時は、障害特性のない子も脱いでいたので。服を脱ぐ子どもに対しては、こちらもその都度、『着なさい』と伝えるだけです。

異性の子どもや職員の身体を触るのはさすがにダメですが、人前で脱いでしまうことくらいは、それほど大きな問題にしなくてもいいのではないでしょうか。それって障害特性なの？　とも思いますし。

あまり決めつけることはよくないのですが、発達障害の子であれば、小学校中学年になれば、そのくらいのことは分かる。自然としなくなることも多いと思います。

十歳くらいになれば、定型発達の子どもと同じような羞恥心は芽生えないにしても、社会のルールについてはある程度理解できるだろう、というのが僕たちの感覚です」


松下さんの事業所では、主に発達障害の子どもが多いという。

松下「小学校高学年や中学生になると、性的なからかいや、性的な言葉を連呼することもありますが、それも年相応の振る舞いであり、正直、問題なのかな？　と思います。

性的な言動をすること自体は、健全な発育の証であるはずです。

ただTPOをわきまえられないのはASDの特性なので、『そういう発言をする時は、状況を考えなさい』『そうした話題が苦手な人や、女の人がいる場合は、言うのはやめなさい』と伝えています。

自分が男性の職員だから……というよりも、自分が比較的子どもたちと年が近いので、そうした注意をする役割になっていることが多いです。

『女性の職員がいるところでは言わないように』とも伝えています。女性の職員も、そうした言葉が聞こえたとしても、スルーしていますね。

相手の気持ちが読めないというのは、ASDの特性です。ただ、場所やボリュームを考えずに性的な言葉を口に出してしまうことが問題であり、性的な言葉を使うこと自体は全く問題だと思っていません。

保護者の方としては、自分の息子の口からそういう言葉は聞きたくないかもしれないけれども、個人的には『その年頃の男の子だったら、まぁ言うだろうね』という感じです。年相応の成長の過程であり、TPOをわきまえてさえいれば、それでいい。

つまり、あくまで社会規範のトラブルであって、性のトラブルではない。社会のルールをまだ認識できていないというだけの話だと思います」

性に対する意識がそもそもない子どもたち

社会のルールを認識できない背景には、羞恥心の問題も絡んでいる。発達障害のある子どもの中には、年齢相応の羞恥心が芽生えないケースもある、と松下さんは語る。

松下「発達障害の子どもの中には、健康診断や体操着に着替える時、みんなの前で恥ずかしげもなく全裸になったりするなど、性に対する意識がそもそもない子もいます。
本人には全く性的な意識がなくても、周囲から『性的な行動をしている』と捉えられてしまう。この認知の差は非常に大きいと思います」

発達障害のある子どもの人前での脱衣や、性的な言葉の連呼については、職員間で問題化されることも少ないという。

松下「こうした問題に対しては、職員で共有はしますが、そこまで詳しく言わない。『今日も言っていましたね～』くらい。ただの報告で、記録にも残しません。そもそも解決する必要性が見いだせない。保護者さんとしては問題かもしれませんが、こちらでは何も思わない。そういう話をせずに大人になってどうするんだろう、と思います」

一方で、知的障害のある男子が女性の職員に抱きつくことに関しては、対応に悩むことも多いという。

松下「中学や高校になって、身体も大きくなり、もう気軽に誰かに抱きつけるような年じゃないのに、女性の職員に抱きついてしまうというケースはあります。相手を選んで抱きついているというのは、こちらにも分かります。知的に重度の子ならまだしも、そこまで重度ではない子が、年齢の若い女性を選んで抱きついている様子を見ると、それはさすがにダメだろう、と思います」

年齢的には二次性徴の始まる思春期を迎えているわけだが、そうした抱きつき行為に、性的な欲求は含まれているのだろうか？

松下「正直、分からないです。母性を感じたいだけなのかもしれません。抱きつきを繰り返す子どもに対しては、『それ、他の場所でやったら逮捕だよ』と伝えることもあります。異性の顔をじっと見つめる凝視についても、性的なものを求めているのか、それとも父性や母性を求めているのか、よく分からない。

自分の行為や気持ちを説明できるほどの力はないけれども、責任能力はなくはない。抱きつくことをガマンできるかといえば、できない。そういう子どもたちが一番トラブルになりやすいです」

対応は行き当たりばったり

知的障害のある子どものそうした行動について、事業所としてはどのように対応をしているのだろうか。

松下「正直、対応は行き当たりばったりです。毎回そうした行動をするわけではないし、抱きついて怪我をしたり・させたりするわけでもないので、職員の間で議論する時間もない。他に優先順位の高い業務がたくさんあるので。

放デイの運営に関して、厚労省のガイドラインはありますが、一般的なことしか書かれていないので、現場ではあまり参考にならない。その子に対しては正解でも、一般化すれば間違いである、ということもあります。マニュアルやガイドラインから外れる状況はざらにあるわけで。

そういう時にどうするのかについては、それぞれの職員が責任を持って考えて、行動するしかない。自分の進退をかけてやっているな、と感じる時もあります。正しいかどうかは分からないけれども、こうするしかない、と自分で決めてやっていくしかない」

明確な正解のない問題に対しては、「職員として」というよりは、「一人の人間として」ぶつかっていくしかない、ということになる。ただ、職務の範囲を超えて全人的な関わりを要求されるのは、職員にとっては非常に大きな負担になるだろう。

性に関する問題が、社会で生活していくためのルールに関する問題だとすれば、明確な指針がないまま、場当たり的な対応になっている状況、支援の内容が職員個人の判断や責任によって、属人的に決められてしまっている状況は、健全であるとは言い難いだろう。

抱きつきの他には、異性の服や下着に対する執着も問題になることがあるという。

松下「異性の服や下着への執着についても、性的なものが理由かどうかは分かりません。異性の着ている服が羨ましいだけなのかもしれない。ただ、こちらとしては、勝手に他人の服に触らないよう、促していくだけです。

現場では、他の子どもの服に触れられるような状況を作り出さないことも意識して行っています。着替えなどの服は、カギのついた部屋に入れて、他の子どもが触れないようにする。ボタンなどを誤飲されるリスクをなくす、ということもありますが、なるべく手の届くような場所に置かない。

ただ、着替えの時など、どうしても他の子どもの前に服を出さなければならない場面で、そういう問題が起こります。なるべくそうした時間を少なくすることを心がけています。

性は人間の三大欲求に関わる部分なので、行動を完全にやめたり、欲求そのものをなくしたりすることは難しいと思います。
ただ、抱きつきや凝視、異性の服への執着などは、放デイにいる今だから許されることなので、少しずつ、長い時間をかけて、『人前ではなく、家の中で』といったルールを守れるように伝えていくしかないと思います」

職場での情報共有の難しさ

障害のある子どもが性に関するトラブルを起こす背景には、精神的な緊張状態やストレス、不安があることが多い、と言われている。日々の現場で、それらの存在を感じることは多いだろうか。

松下「障害のある子どもたちは、何事にもストレスを強く感じています。性に関する事柄に限らず、全ての行動において、そうしたストレスや不安が背景にあるのではないでしょうか。

普段の生活の中で、スキンシップの不足を感じることもあります。性的に見える行動も、ただ誰かとスキンシップをしたいだけなのかなと。知的障害の子に関しては、こっちが想像するしかない部分も多いのですが。おうちでご家族とハグなどをする習慣があれば、また違うのかもしれません」

発達障害の子どものトラブルについては、特に職員間で議論をするようなことはない、ということだったが、知的障害のある子どもの性に関するトラブルについては、どのように対処しているのだろうか。

松下「職員の間で議論をすることもありますが、言いづらくてしないこともあります。言わないというか、言えない。本当はよくないと思いますが……。

ただ、知的障害の子どもの性に関するトラブルについては、根本的な解決は無理だと思います。強引に解決しようと思えばできるけれど、また違う問題が起こる。薬を使ったり、本人の意思を無視して一定の空間に閉じ込めるようなことをすれば解決するのかもしれませんが、それで本当にいいのかと。

正直、今の仕事をする前までは、性犯罪などの事件を起こすような障害者は閉鎖病棟に閉じ込めておけばいいのでは、と思っていたのですが、今は答えが出ないです。現実には、薬を使わないとどうしようもないケースもあるだろうし、薬で止めてあげるのも愛情なのかもしれない。性犯罪を起こして事件になるのと、薬漬けになるのと、どちらが本人にとって幸せか。職場でもこういう話はできないし、自分の中でも答えは出ないです」

根本的な解決ができないのであれば、目の前で起こっているトラブルに対して、一つ一つ根気強く付きあっていくしかない。しかし、職場での情報共有は思うようにいかず、研修で学べるような機会もない、と松下さんは述べる。

松下「性に関する問題以外に、職員として研修すべきことは、もっとたくさんある。児童の命に直結することを優先していかないと、現場が回らない。理想論としては、性に関する研修もしたいなとは思いますが、現実問題として無理だなと思います」

日々の業務で忙しい中、時間的な余裕がないために、性に関する問題はどうしても後回しになってしまう。学校とのやりとりの中でも、同じような状況になっているという。

松下「子どもたちが学校でどうしているかは、正直分からない。放デイでの言動を見て、『学校でもこんな風にやっているの？』と思う時はしばしばあります。

ただ、子どもたちは『学校と放デイは違う』と分かっている。家でもないし、学校でもない場所である、とは分かっている。

学校の先生とは、性に関するトラブルよりも、もっと話すべきことがたくさんある。性に関することは、優先順位としては、どうしても後回しになります。

人前で自慰行為をしました、というような話であれば、わざわざ学校と話さない。無理矢理異性の相手を襲った、性行為をしようとした、というところまでいかないと、学校と放デイが連携してどうこう、とはならない。連携するのが理想なのでしょうけど、現場ではもっとすべきことがある」

男性職員が女子児童を介助することの難しさ

問題が後回しにされる一方で、問題自体の対応の難しさは変わらない。松下さんが現場で難しさを感じているのは、知的障害のある女子児童の生理に関する対応についてだという。

松下「自分の個人的な未熟さでもあると思いますが、生理については、男性として、どう対応すればいいのか分からないです。もちろん、生理の仕組みや生理休暇などの言葉は知識としては知っていますが、具体的にどう反応すればいいのか、迷うことも多いです。

保護者から『今日は生理痛がある』という連絡のあった女子には、その日はなるべく関わらないようにしよう、と思ってしまう。職員としては、本当にダメなことだと思うのですが」

生理以外に、松下さんが対応に悩んでいるのは、「女子児童の靴を履かせる介助」だという。

松下「どこの事業所でもある問題だと思うのですが、一体何歳の女子児童まで、男性の職員が靴を履く・脱がせる介助をしていいのか、という迷いがあります。

児童発達支援に通っている幼稚園児や保育園児のような年齢の子どもであればいいのですが、中学生や高校生になっても、男性の職員が介助していいのか。

自分も、その場で他に対応できる職員がいなければ、高校生の女子に対しても、介助を行います。でも、他に対応できる職員がいれば、靴の介助は女性の職員にお願いしたい。思春期の女子児童の身体を触ることに抵抗があるので。

さらに問題なのは、靴下を履かせる・脱がせる介助。素肌に直接触る形になるので、よりシビアです。忙しく仕事をしている他の女性職員に『お願いします』と頼むべきかどうか……。悩むことが多いです。

個人的には、生理が始まった女子児童に対しては、男性の職員が介助をしない方がいいのでは、と思います。障害のある子どもは思春期早発症を発症することが珍しくないので、小学校低学年でも生理が来ることはある。知的障害の女子児童に関しては、親御さんと連絡しているので、生理が来ているかどうかは分かる。なので、できれば女性職員に対応してほしい、と思います」

限られた時間と人員の中、そして男子中心の利用者、女性中心の職員という偏ったジェンダーバランスの中で、放デイの現場だけでできることには、限界がある。障害のある子どもの性について、松下さんは「もっとＩＣＴ（情報通信技術）教育を活用すべき」と考えている。

松下「不登校や学校に行けない発達障害の子に対して、国語や算数といった受験科目以外の教科を教える場所がない、ということが問題になっています。同様に、性教育についても、今は学べる場所がない。ＩＣＴ教育を通して、障害のある子ども向けの性教育を行っていく必要があるのではないでしょうか」

放デイ職員インタビュー②：女性・四十代

「子どもの性の問題は、この仕事を長くやっていくと必ずぶつかる問題です」

そう語る新島美菜子さん（仮名・四十代）は、首都圏にある中規模の放課後等デイサービスで働いている。利用登録をしている子どもは約一〇〇名。通常の放デイの定員は一日で最大一〇名だが、新島さんの施設は中規模のため、一日で最大二〇名の子どもたちが利用している。新島さんを含めて一日一〇名強のスタッフで運営している。平日の放課後だけでなく、祝祭日も営業している。「とにかくわちゃわちゃしている毎日ですよ」と新島さんは苦笑いする。

平日の放課後、授業を終えた子どもたちをスタッフが学校まで迎えに行く。低学年と高学年では授業の終わる時間帯が異なるため、放デイに来る時間もそれぞれ異なる。最終的に、一六時頃に全員が集まる形になる。保護者が迎えに来るのはおおむね一七〜一八時なので、子どもたちが放デイにいる時間は、短い子どもでは一時間ほど。長くても二時間ちょっとだ。

新島「わずか一時間半〜二時間ですが、様々なドラマがあります。色々なことが起こって、とにかくいつもバタバタしています」

新島さんの会社では、放デイと合わせて「児童発達支援」も行っている。児童発達支援とは、障害のある未就学児に対して、療育や発達支援を行う通所のサービスである。身体障害や知的障害のある未就学児が保護者と共に通い、日常生活を送るための知識や技能を身につけるための訓練を受けに行く場所である。

児童発達支援を利用する未就学児から、放デイを利用する小学生〜高校三年生まで、年齢も自立度も全く異なる子どもたちが集っていることになる。

放デイでは、他害や自傷、てんかんなどの課題があり、自立度の低い子どもが定員の過半数を超えると、国から支給される報酬が上がる。自立度の低い子どもに積極的に利用してもらった方が経営は安定するため、そうした子どもを進んで受け入れる事業所もある。一方で、そうした事業所の現場には、様々な問題や障害特性を抱えた子どもが集まり、様々なトラブルが起きることになる。

新島「うちの施設では、一〇〇人の利用者のうち、半分以上がそういう子たちです。中でも強度行動障害の子どもは問題行為が激しい。自分の思った通りに行かないと暴れ出して、男性スタッフ三人がかりでもかなわない子もいます。暴れている子の横で自慰行為をしている子もいる。トイレが自立していない子もたくさんいるので、トイレに誘導したり、食事介助を行ったり……と、常にバタバタしています。

子どもたちは日々成長していくので、半年に一回、個別支援計画を立てて、親御さんと面談を行い、アセスメント（課題の聞き取りと分析）をして、これからどのように支援していくかを協議します。計画を基に年間スケジュールを作るのですが、スケジュール通りに実施していくことは大変です。次々に問題が生まれてくる。

職員も三〇名いるので、ＬＩＮＥワークスなどのツールや終礼などの場を使って、毎日お互いの持っている情報を集約・共有しています。トイレの自立度が上がった・下がった、これができたから次はこれ、といったように、毎日の情報共有の積み重ねがすごい大事です。

ただ、利用者が一〇〇人いる中で、『今日は、この子がこういうことをやって困った』という報告を出すだけで精いっぱいになってしまうことも多いです。『では、そういう時はどうすればいいか』ということについて、具体的な提案や議論を行う時間がないことが悩みです」

現場の性問題

新島さんの施設では、男子が八割程度で、女子は一〜二割。多くて三割程度だという。

新島「男の子は、無意識のうちに性器いじりが習慣になっている場合がよくあります。寝転がって性器をいじったり、床に性器をこすりつけていたりすることも日常的にありますが、そうした場面は、できれば女の子に見せたくない。でも、ずっとマンツーマンでついていることはできない。

集中して作業をしている時はいいのですが、目を離したすきに自慰行為を始める子もいます。平日の夕方、一〜二時間しか預からない場合はそういうことはそれほど起こらないと思うのですが、うちの施設は土日や祝日など、長い時間子どもたちが過ごすこともあるので、そういう行為が目立ってしまうこともあります」

放デイでは、自立度の低い子が人前で性器を触ったり、ズボンを脱いだり、部屋で自慰行為を始めることもある。しかし、職員の中には、見て見ぬふりをしてしまったり、現場で起こった出来事をなかなか報告できない人もいる。女性の職員が多いことも一因だろう。

職員が一人で問題を抱え込まないように、新島さんは、自分から「今日はこんなことがあった」と職員に向けて発信するように心がけている。

新島「障害のある子どもの性の問題は、ずっと解決したいと思っていました。ちょっと職員をつつくと、問題がザクザク出てくるので、もっと言いやすくしたい。職員の中にも、言いあえる人と言いあえない人がいる。見て見ぬふりをしている人も多い。

放デイに通っている女の子の中には、恋愛感情を持つまでには至らない知的レベルの子も多いです。そうした中で、性的なことに目覚めさせてしまってもいいのか。自慰行為の方法を教えていいのか。なかなか判断ができないです」

保護者との関係

性の問題は、職員同士でも話しづらいが、保護者に対してはさらに話しづらい。保護者に対しては、どのように伝えているのだろうか。

新島「児童発達支援管理責任者になって、保護者の方とのコミュニケーションが非常に大事であることを実感しています。日頃から連絡を取りあい、些細なこともすぐに報告する。そうしたつながりがあれば、性的なトラブルが起こっても、言いやすい関係をつくることができる。日頃からの関係づくりを心がけています。

親の経済状況によって、子どもの気持ちの裕福度や性格は変わると思います。裕福な家庭の子どもは、カリカリしておらず、愛情を受けて育ったんだろうなと思わされることが多い。親にも相談がしやすい傾向があります。

保護者同士のコミュニケーションの場としては、親の会などの横のつながりがあります。このネットワークはすごくて、あっという間に情報が知れ渡る。うちの施設や職員が保護者からどう思われていて、どんなことを言われているかといった情報も、逆にこのネットワークから入ってきたりします。下手なことを言ったりすると、保護者から直接デイを経営している会社にクレームがいく。

ただ、こうした親同士のネットワークには、入れる人と、入れない人がいる。クレームや噂話以外に、本当に大切なこと、デイと保護者の間で話しあわないといけないことは、もっとたくさんあるはずなのに……と思う時もあります」

外国籍の子どもと性

新島さんの勤める放デイのある地域は、外国籍の住人も多く、その子どもたちも通っている。現在、利用者全体の約三割が外国籍の子どもだそうだ。裕福な家庭で育っている子どももいれば、シングルマザーや生活保護の家庭で育てられている子どももいる。

言葉が異なると、本人や保護者とのコミュニケーションがうまく取れず、ただでさえ対応が難しい性に関するトラブルが、ますます解決困難になる場合もある。

新島「両親がイスラム教の外国籍の女の子が、部屋の真ん中で自慰行為を始めるようになりました。日本人と比べても身体の発育が良いので、性的な面での成長も早かったのでしょう。職員が自慰行為を止めようとすると、とにかく暴れまくる。周りにいる他の子どもたちを殴ったり、ひっかいたりする。走り回ってあちこちの壁にぶつかっていき、へこませてしまう。

トイレに誘導しても、そこでは決してしようとしない。みんなのいる共有スペースで自慰行為をしたい、という願望があるようで、かたくなに移動を拒む。そこで、共有スペースの真ん中で布団をかぶせて、その中でしてもらう形にしました。

他の子どもたちが遊んでいる中で、その女の子だけ、部屋の真ん中で布団をかぶって自慰行為をし続ける……という奇妙な時間が毎日続きました。保護者の方に相談しても、日本語が通じない。ただでさえ微妙な問題なのに、保護者の方とコミュニケーションが思うように取れないこともネックになりました」

障害×性×言語の異なる外国人、という三つのハードルが重なると、問題の解決は非常に困難になる。

新島「ブラジル人の女の子で、自慰行為のやりすぎで、性器に触りすぎて病気になってしまっている子がいました。トイレも、男の子のように立ってするような状況で。母親に伝えようとしたのですが、向こうはポルトガル語しかしゃべれない。お互いに片言の英語でやりあって、翻訳のアプリを使いながら『汚れた手で触っているから、病気になっています』『じゃあ病院に連れていきます』と、なんとかコミュニケーションを取ることができました」

ただ、外国籍の保護者は性に対してオープンな人も多く、日本人に比べて話しやすい傾向がある、と新島さんは指摘する。

逆に日本人の保護者は、性に関する問題を話しあうこと自体に抵抗があるケースもある。また、日々の現場で起こっていることを保護者に伝えようとしても、会社から「性に関する話は、保護者に言わない方がいい」と止められることもあるそうだ。

性の問題に対して、放デイと保護者のコミュニケーションがうまくいかないことによって、最も不利益を受けるのは、子ども本人であることは間違いない。大人の都合で問題の共有や解決が先送りされてしまっては、子どもの利益にならない。

学校との連携の模索

放デイの職員の力だけでは解決が難しいケース、様々な事情で親との連携がうまくできないケースの場合、学校に対して協力を求めることもあるという。

新島「学校の相談支援員に相談して、保護者・相談支援員・私の三者で協議することもあります。相談支援員と密に連絡をしていくと、そこを通して学校と話ができる。保護者・学校・放デイの担当者会議を開いてくれる支援員はまだまだ少ないですが、困っている時はやってほしいと頼むこともあります。

ただ、性に関する問題が起こった時に、担当者会議を行って解決までたどり着いた例はありません。相談支援の人とも色々な話をするのですが、性の話は流されてしまう。きちんと話しあえるまでに、何重にも壁があるのを感じます。

先生方の話を聞いていると、学校の現場でも、性に関する問題は見て見ぬふりをしてしまっていることが多いそうです。特別支援学校の先生にも聞いたのですが、特別支援学校の教員になる過程でも、障害のある子どもの性に関する問題については学ばない。性的なトラブルへの対処についても、勉強しない。特別支援学校の先生になるような人でも、そういう勉強はしないんだな……と。でも、実際の現場では、そうした問題はたくさん起きている。

放デイに通っている男の子で、自分で射精をするところまではできるのだけれど、その後に自分で後始末をすることができない、というケースがありました。

まずパーテーションの裏で射精をしてもらい、その後で男性スタッフが後始末をする、という形で対応していたのですが、男性スタッフがいない時に女性スタッフが対応した結果、うまく誘導ができず、途中で精液をかけられてしまった、ということもありました。

本人に注意しても、『なぜダメなのか』が分からない。それでも、きちんと職員全員で対応していかないといけない。高学年の子も多いですし、身体も大きくなる。学校を卒業する日も近づいている。そうした中でも、不意に人前で性器を出したり、いじることがある。注意すると、その場だけは隠したりするのですが、気が付けば、また出していじっている。周りには女の子もいる。

そうした状況下で、どのように対応していけばよいのか。本当に悩ましいです。話しあう場所がない。『こういうことがあったんですよね』という報告だけで終わってしまう。『ではどうすればいいか』という議論がなかなかできない。

学校で話しあえる先生もいたのですが、最近は、先生と連絡を取ろうとしても、『情報の共有は保護者の方を通じてお願いします』と言われてしまうことも多い。難しいです。

性の問題については、放デイだけでなく、家庭や学校を含めて、全員が力を合わせて教えていかないと、障害のある子どもたちには習慣づいていかない。学校を卒業してからもそういうことが続くようだと、社会生活がうまく営めない。場合によっては、性犯罪になってしまう。学校・デイ・家庭での連携が必要だと思います」

卒業までのタイムリミット

性に関する問題は、共有すること自体が難しく、なかなか根本的な解決にまではたどり着かないことが多い。そうした中で、十分な支援ができないまま、学校と放デイを卒業する時期が来てしまうことに対して、新島さんは危機感を抱いている。

新島「放デイはあくまで子どものための施設なので、親に対するケアが少ない。親御さんが本当はどう思っているかについては、なかなか話せない。もどかしいです。

本当は、直接親御さんに『自慰行為が止まらないのだけれども、どうすればいいのか』と聞きたいのだけれど、それについては会社からストップがかかってしまう。

子どもたちに教えられることはいっぱいあるようで、実は少ない。私たちは、子どもたちに対して、本当に大事な話ができているのかな……と考えることもあります。

卒業までの時間は短いです。高校を卒業したら、『障害児』ではなく『障害者』になるため、利用できるサービスが減ります。

自慰行為について、親御さんに伝えることができた場合でも、『とにかく止めてください』と言われることが多いです。しかし、『止める』といっても、止めた後にまたやり始めるので、ずっと止め続けなくてはいけない。

本人の気分転換につながるような支援をしたり、一定の場所や時間を決めたり、パーテーションなどで区切った空間を作って、そこに誘導してやってもらう……といった解決案を議論するところまで、たどり着かない。力ずくで無理矢理止めて、本人が荒れて、他害行為を繰り返す……という状況が続くだけで、根本的解決にはならない。

学校でも家庭でも、性に関する知識やスキルは教えられない。射精行為を教えるべきなのか、それとも知らない方がいいのか、家庭で教えるべきなのか、それとも放デイで教えるべきなのか。子どもの知的レベルによって判断は変わるので、いつも迷います。一度覚えるとずっと自慰行為をし続けてしまう子どももいるので、悩ましいです」

「最低限のガイドラインが欲しい」

新島「障害のある子どもは、発育の遅い子が少なくありません。性器自体もあまり発育しない子も多い。でも、性に対する欲求はある。

人前で性器を出したりいじったり、という行為に関しては、『やめなさい』と言えば、その場はやめるけれど、ただやめさせるだけでいいのでしょうか。欲求は、身体が大きくなればなるほど増えていきます。大人になってから急に言われてもできないので、小さいうちからルールを教えていかないと、収まらない。

せめて、職員同士では話をしていかないといけない。うちの施設でも、性に関する問題について、職員が報告しやすい雰囲気をつくることはできたので、その先の具体的な解決をどうしていくか、がこれからの課題です。

現在は、自慰行為を含めて、性に関する事柄をいつ・どこまで子どもに教えるのかについてのさじ加減は、親御さんが決めることがほとんどです。

でも、『親が決める』で本当にいいのでしょうか。障害児支援の現場においては、子どもの権利よりも親の権利が大きくなるのは事実です。でも、実際は親御さんにも正解が分からない。そこそこ自立度が高い子の親御さんに、『お子さん、これから恋愛ができるといいですね』と伝えると、『うちの子は無理無理』と言われてしまう。最初から子どもの可能性をつぶしてしまっている。

保護者に向けた教育というか、子育てや自立の方向性を見出すためのサポートをする機関があまりにも少ない。結果として、誰にも相談できずに行き詰まる人が多い。国の制度以外に、有料でもいいから頼れる場所をつくっていかないと、親御さんも行き詰まってしまう。

放デイの職員も、普段から親御さんとコミュニケーションの積み重ねがあれば、性に関するトラブルが起こった時も話しやすい。

学校を卒業した後、グループホームや生活介護に入ってから教えていくのか。その先はどうしているのか。いつ、どのようにルールを教えて、どうすればいいのか。

こうしたことに対して、最低限のガイドラインがあれば……と思います。大事なことなのに、日本社会にはルールがない。

性に関する問題は、一生の問題です。まったくそうした問題が起こらない子もいるのだろうけど、多くの場合、必ずぶつかる問題です。そのため、子どものうちからどういう指導をしていけばいいのか、ある程度の方向性が示されていればいいなと思います」

放デイ職員に対するウェブアンケートの分析

職員インタビューへの内容を踏まえて、前述のウェブアンケートにて、放デイ職員から寄せられた回答を見て行こう。

「障害のある子どもの『性に関するトラブル』の中で、放課後等デイサービスの支援の現場で直面したことがある項目を教えてください」という質問に対しては、「異性の職員に対する性的接触」が最も多く（13件）、その次に「人前で性器に触れる」「人前で自慰行為をする」（各12件）、「性的な言葉の連呼・からかい」（11件）が続く形になった。

　保護者へのアンケート（合計88名）では4件しかなかった「人前で自慰行為をする」が、職員のアンケート（合計21名）では12件になっている。一方で、保護者のアンケートでは一番目に多かった「人前で服を脱ぐ」は、職員のアンケートでは六番目に留まっている。

　また、保護者のアンケートではほとんど出てこなかった「初潮・生理に関するトラブル」「精通・射精に関するトラブル」は、職員のアンケートでは合計で10件に上っている。「性別違和[*6]」や「性犯罪」、「妊娠・中絶」や「保護者からの性的虐待」など、保護者のアンケートでは全く出てこなかった内容も、職員のアンケートでは表面化している。

　このように、二つのアンケートの結果を比較すると、職員が直面している問題＝実際の放デイの現場で起こっている問題と、保護者が把握している問題との間に、大きなずれがあることが分かる。性に関するトラブルを職員と保護者との間で共有することの難しさが伝わってくる結果となった。

「性に関するトラブル」の具体的な内容

1．人前での性器タッチ、自慰行為、脱衣

- 突然怒り出した後に自慰行為を行う
- 誰かに構ってほしい時、その場から逃げ出したいようなことが起こった時に、服を脱ぐ傾向がある
- 特定の女性職員の髪を触りたがる
- 異性のスタッフに抱きついてリラックスし、胸のあたりを服の上から触ってしまった
- 好きなスタッフに抱っこしてほしいという気持ちを切り替えられず、後を追う結果になってしまった

人前での性器タッチや自慰行為、脱衣については、放デイの現場で日常的に起きている問題だと言えるが、回答からは、そうした行動の背景に、パニックやストレスなど、子どもの心理的な不安が絡んでいることが窺える。

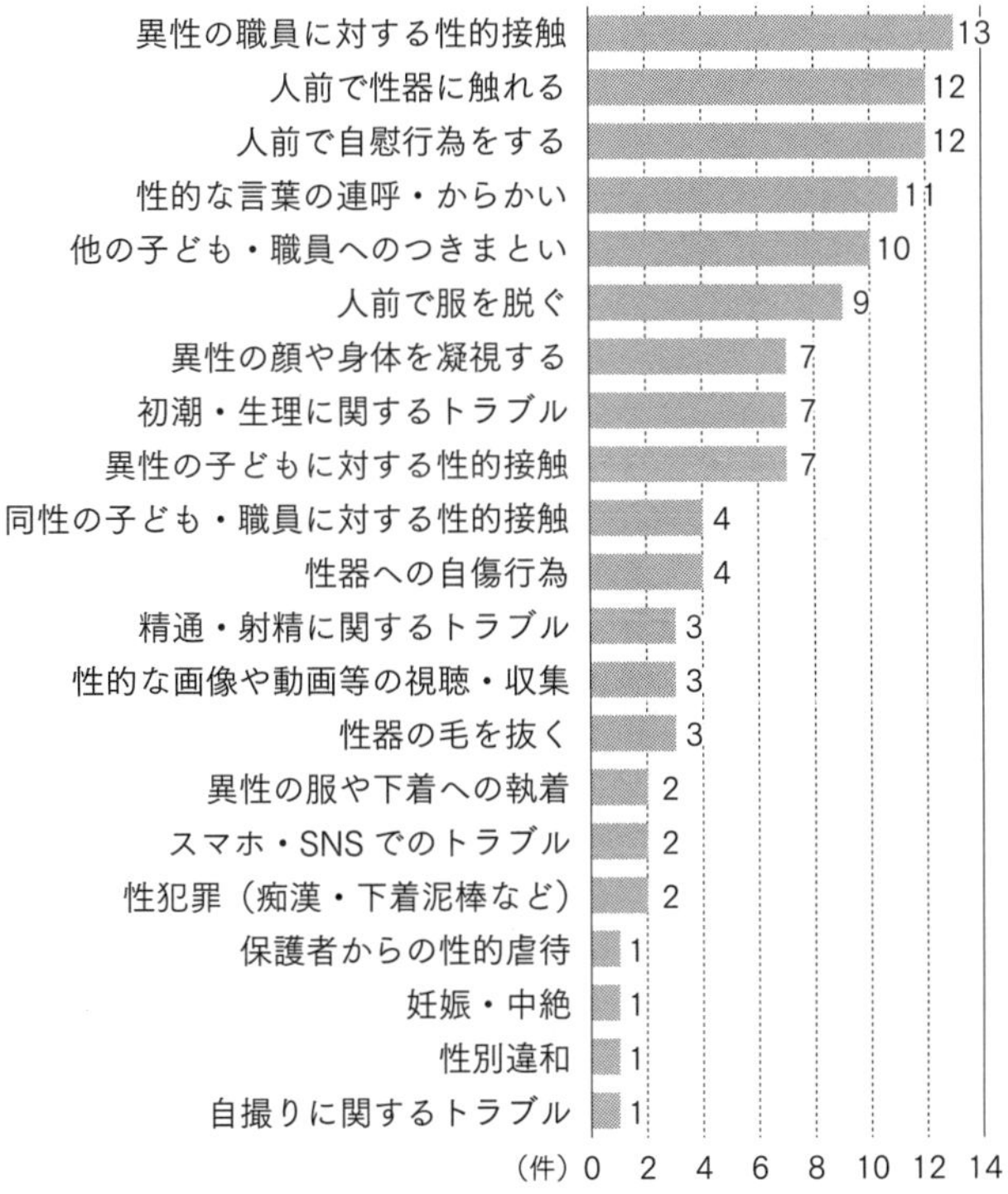
異性の職員に対する性的接触 13
人前で性器に触れる 12
人前で自慰行為をする 12
性的な言葉の連呼・からかい 11
他の子ども・職員へのつきまとい 10
人前で服を脱ぐ 9
異性の顔や身体を凝視する 7
初潮・生理に関するトラブル 7
異性の子どもに対する性的接触 7
同性の子ども・職員に対する性的接触 4
性器への自傷行為 4
精通・射精に関するトラブル 3
性的な画像や動画等の視聴・収集 3
性器の毛を抜く 3
異性の服や下着への執着 2
スマホ・SNSでのトラブル 2
性犯罪（痴漢・下着泥棒など） 2
保護者からの性的虐待 1
妊娠・中絶 1
性別違和 1
自撮りに関するトラブル 1
（件） 0 2 4 6 8 10 12 14

性に関するトラブルの内容（職員回答）　＊複数回答可

2. 性的接触（つきまとい、抱きつき、性的な行為の要求）

- 私の前だけでマスターベーションをするんです。ずっと無視してました。最初の頃は精通もなかったんですが最近は精通もするようになりまして、性的なことですから職場の同僚にも親御さんにも相談もできなくて……さらに触って、とも言うんです。あまりにもしつこいので一度だけ触ったことはありました。でもそれが間違いだったと後々気が付いて後悔してます

異性の職員に対する性的接触については、人前で行われる行為であれば問題として共有しやすくなるが、一対一の場面のみで行われる場合、職員が問題を一人で抱え込んでしまい、深刻化してしまうケースもある。

3. 性的な言葉の連呼・からかい

- 言葉自体の深い意味は知らないけれど、その言葉を口にすると、大人が微妙な表情をすることが面白くて、性的な言葉を連呼している。大人がどういう気持ちになるか、分か

った上で口にしている

・男の子と比べると、女の子は性的な言葉はあまり言わない。こっそり「こういう言葉を聞いたんだけれども、どういう意味？」と聞いてくる。親よりも、放デイの職員には聞きやすいのかなと思う

4．スマホ・SNS・ネットでのトラブル

・SNS上でのなりすましトラブル、裸体画像送付の強要（事前回避）

・利用者同士で下半身の画像を送りあう

スマホやSNSに関するトラブルについては、それほど多くの回答は寄せられなかったが、性的なトラブルにスマホやSNSが絡むと、問題は一気に複雑になる。性的な部位の自撮り画像の送付などを通して、犯罪に巻き込まれてしまうリスクもある。

5．生理に関するトラブル

・生理に対しての理解が難しく、体の変化という自身の変化への適応が上手く出来ない。

パニック、または情緒不安定となり、頭を激しく叩く、手を噛むなどの自傷行為が出現する

生理に伴う不安やストレスが性的なトラブルに結びつくケースは多いが、障害のある子どもに生理の仕組みや対処法をどのように教えるか、という問いについては、放デイの現場では明確な指針を設けていないところが多い。

一方で、「学校・家庭での性対策の不十分さから、マスターベーション等のやり方をサービス内で教え始め、家庭で行えるまでにサポートした」という回答もあった。こうしたサポートを行っている事業所はまだまだ少数だと思われるが、悩める保護者にとっては、非常に心強い支援になるだろう。

職員の視点から見る「性に関するトラブル」の背景

「こうした『性に関するトラブル』の背景には、どのような理由があるとお考えになられていますか」という質問に対しては、「性的欲求（性的好奇心）」という回答が最も多

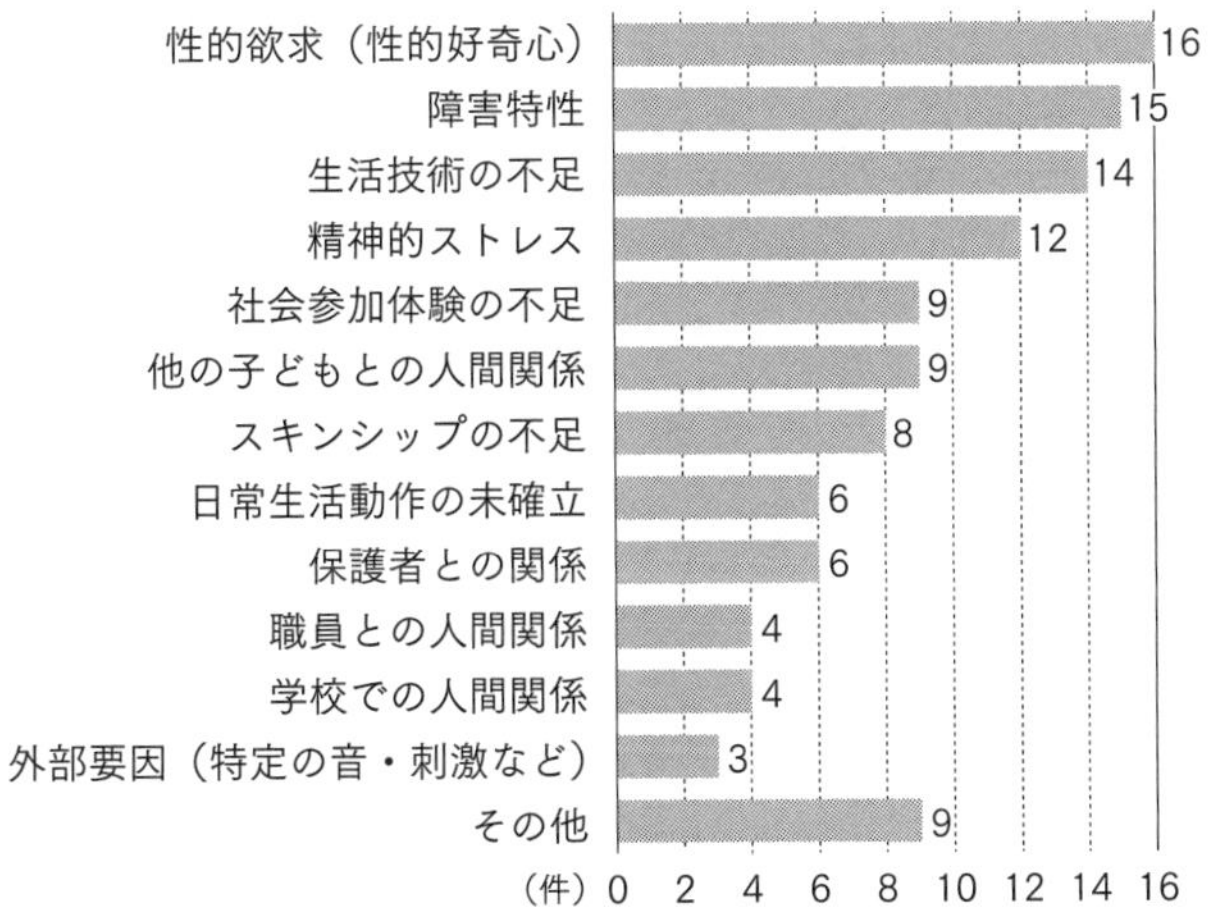

トラブルの背景にあるもの（職員回答）　＊複数回答可

く（16件）、続いて「障害特性」（15件）、「生活技術の不足」（14件）、「精神的ストレス」（12件）という順番になった。

保護者へのアンケートでは、「性的欲求（性的好奇心）」は全体で四番目であったが、職員のアンケートでは一番目に多い回答になっている点が興味深い。

職員は、子どもの家庭や学校での振る舞いに接する機会がない分、そして家庭や学校と比べて、子どもと接する時間が短い（一〜二時間程度）ため、「人前で性器に触れる」「異性の職員に対する性的接触」といった子どもの振る舞いが、シンプルに「性的欲求（性的好奇心）」の発露として映る傾向があるのかもしれない。

一方で、それ以外の項目の順番に関しては、保護者へのアンケートと職員へのアンケートに大きな差はない。多動や注意散漫などの障害特性が、生活技術や社会参加体験の不足と重なり、その結果として家庭や学校で蓄積された精神的ストレスが、性的な言動となって放デイの場で顕在化する……という認識に関しては、保護者と職員の間に共通していると思われる。

職員間の情報共有で、トラブルに立ち向かう

「こうした『性に関するトラブル』が起こった時、どのように対応しましたか」という質問に対しては、「職員間で情報を共有して、対応を考えた」という回答が最も多かった(18件)。担当者会議を行い、他事業所と連携して対応しているという回答もあった。性に関するトラブルは、他のトラブルに比べて報告・共有しづらい側面があるが、そうした中でも問題を放置せず、できる範囲で向きあっていこうと努力している現場の姿が浮かび上がってくる。

一方、保護者や学校と情報を共有して対応したという回答は、「職員間で情報を共有

して、対応を考えた」に比べて少ない。

保護者へのアンケートでは、「放デイの職員と情報を共有して対応を考えた」という回答が最も多かったが、職員のアンケートでは、「保護者と情報共有して対応を考えた」という回答は、二番目に留まっている。新島さんの話にもあったように、事業所として「性に関するトラブルは、保護者には伝えない」という判断をすることもある。

子どもの性に関するトラブルについて、「職員と共有して解決していきたい」保護者と、「できれば職員の間だけで解決したい」放デイとの温度差が感じられる結果になっている。

「性に関するトラブル」を解決するために実施した具体的な方法

職員がトラブル解決のために実施した具体的な方法については、保護者へのアンケートとは異なり、「してはいけない」（禁止）と「なぜいけないのか」（理由）を繰り返し伝えるといった対応はほとんど見られなかった。

シンプルに「他の場所に移動させる」「担当者を変更する」といった対応に加えて、「性に対する関心自体は否定せず、ＴＰＯに合わせた指導をする」「行動の背景にある本人の気持ちを理解して、それに対する手当を行う」をベースにしたものも多かった。

1. 他の人から見えない場所への移動・個室への誘導

・(自慰行為を始めたら)毛布などで隠し、少し落ち着いてきたら、個室へ誘導する

・場所を決めて(家庭の自分の部屋等で)行ってもらった

・職員で情報共有と対策を検討し、家族と相談の上、トイレ内で一人になれる時間をもてるようにした

2. 気持ちに寄り添い、他の方向に興味・関心を向ける

・「人前でお尻を出しちゃだめだよ」と丁寧に説明をすると、かえってその職員の前でのみ、お尻を出すようになってしまうこともある。大人が「続けてほしくない」と思うような行動については、命に関わるようなものでない限り、見えないふり・聞こえないふりをする、ということを全職員に徹底している

・子どもから性に関する事柄を質問された時、「聞きたいならば、具体的に話すけど?」と返答すると、「いや、そこまではいい」と言われる。大人が心配するほど、そこまで

実際に性的なことに興味があるわけでも、実践したいわけでもない

・パニックにならないように接し方や見通しをもてる声かけをするように改善した。胸は大事だから触らないよと優しく声かけした。他のスタッフも対応できることをその都度声かけしたり、他の好きなことや落ち着くことを一緒に探している

・家庭や学校と情報共有し、対応策を考えて実行した。本人の特性から今後の見通しを立てた。性的な欲求に関しての行動そのものを止めるのは本人たちのストレスにもなり、なぜその行為を止めないといけないのかという理解も難しいことから、主に「違う行動を提案する（遊びなど、本人の好きなこと）」「自分にとって大切な場所だから、人前では触らないことを伝えていく」という対応を行った

・他の活動に興味を誘う。目を離さない

3．担当者の変更、同性対応

・児童本人に適切な行為ではないと指導した上、送迎添乗者を男性職員に変更した

・女の子は女性職員がつきっきりで対応

異性の職員に対する性的接触の場合、同性の職員が対応する形に変更する、という回答が寄せられたが、限られた職員数の中、そして利用者・職員の男女比のバランスによっては、同性の職員が担当することや、一人の子どもに職員がずっとマンツーマンで対応することは、難しい場合も多いだろう。

4. 保護者の要望に基づき、職員が二次性徴に関する教育を行う

一部ではあるが、生理や夢精などについて、保護者からの要望に基づき、職員が具体的な教育を行っている、という回答もあった。

- 身体の発育が早く、生理が始まったら泣いてパニックになることが予想される子どもがいたので、保護者の要望もあり、本人に対して事前に生理のことを教える機会を設けた。実際に生理が始まった時、想定していたよりも少ない混乱で済んだ。そのことが口コミで伝わって、保護者の友人から「自分の子どももお願いします」と言われたこともある

その一方で、教育の内容と程度＝「具体的にどこまで教えるか」についても、保護者

側からの要望によって決められている、という現状があるようだ。

- 生理の対応だけでなく、子どもができる仕組みなどについても、踏み込んで教えた方が良いと思ったが、保護者から「そこまでは教えないで」「血が出るようになるということと、生理用品の使い方だけを教えてほしい」と言われた

放デイで二次性徴に関する教育・支援を行う場合、良くも悪くも、保護者の意向に左右されることが窺える。

「全て解決した」という回答はほとんどない

「こうした対応の結果、『性に関するトラブル』を解決することができたかどうかについて、教えてください」という質問に対しては、「解決はしていないが、引き続き支援を継続している」という回答が七割近く（17件）になっている。「部分的には解決した」という回答は5件、「全て解決した」という回答は1件にとどまっている。

性に関するトラブルの大半は、「その場で適切な対応をすれば、すぐに解決する問題」ではなく、「長期間にわたって、その都度状況に応じた対応を続けていき、徐々に解決の方向へと進めていく必要がある問題」ということが分かる。長期戦になることは避けられない。

「障害のある子どもの『性に関するトラブル』の解決について、今後必要だと思うことを教えてください」という質問に対しては、「職員の研修」が18件で最も多く、続いて「職場での情報共有」（17件）、「学校での性教育の拡充」「支援方法の標準化・体系化」（各16件）、「保護者との情報共有」（15件）、「家庭での性教育の拡充」（13件）、「学校との情報共有」（12件）と、回答が多岐にわたる結果になった。

性に関するトラブルは、特定の立場にいる人たちだけががんばれば解決する、という問題ではなく、家庭・学校・放デイ、それぞれの立場からの多角的なアプローチが求められている現状が浮かび上がってきた。

必要なのは、「時間」と「チーム」

職員に対するアンケートの分析を通して、障害のある子どもの性に関するトラブルを解決するために必要な条件が浮かび上がってきた。それは、「時間」と「チーム」である。

性に関するトラブルの背景には、子ども本人の精神的なストレスや孤独感、家庭・学校・放デイにおける人間関係や生活環境の問題が絡んでいる。そのため、多くの問題は、一朝一夕には解決しない。

新しいソーシャルスキルや生活習慣の獲得には時間がかかる。楽器やスポーツ、語学などと同じく、長い時間をかけて、地道なトレーニングを積み重ねるしかない。しかし、一度覚えてしまえば、一生役立つ。トレーニングやサポートを続けながら、子どもが少しずつ成長していく過程を見守る時間と余裕が必要になるはずだ。

そうした時間と余裕を得るためにも、保護者と放デイの間での情報共有・連携が必要になる。保護者や職員が一人で問題を丸抱えするのではなく、現場で起こっていることを報告・共有して、すぐには解決できない問題であっても、チームで取り組むことができれば、子ども本人、そして保護者・職員双方の心身の負担を和らげることができる。

保護者も職員も、「場当たり的な対応しかできない」「このままの状態で、本人が社会に出ていかなければならない時が来るのが不安」と考えがちだ。

むしろ、性的なトラブルを解決するためには、社会参加を通してソーシャルスキルを磨くことが必須になる。社会のルールは、社会の中でしか学べない。社会の中でルールを学び、多くの人に支えられながら生活していく過程で、性に関するトラブルは解決へと向かうはずだ。

短期での解決や根本的な解決が現実的ではないのであれば、性に関するトラブルを抱えたままの状態であっても、放デイ・学校・家庭で適切なサポートを受けながら、本人のペースで成長していくことのできる環境、そして卒業後も引き続き同様のサポートを受けられる仕組みが必要になる。

性に関する振る舞いを、「問題行動」としてではなく、「本人の成長の機会」として捉え、保護者と職員がつながり、支援の質を高めあう機会として活用していくことができれば、障害のある子どもの社会的自立の実現にとって、大きなプラスになるはずだ。

次章では、障害のある子どもに対する性教育の専門家の意見を伺いながら、放デイの現場における性に関するトラブルへの対処法、そして、子どもたちを放デイ卒業後も支えていく仕組みをどう作っていくかという問いの答えを探っていく。

*6　性的マイノリティの人にはＡＳＤの傾向が高頻度にみられるという説はあるが、因果関係ははっきりとはしていない。

第三章

「問題行動」ではなく「成長の過程」

放デイでの性教育出前講座

障害のある人の性と生についての相談支援・啓発活動を行っている愛媛県松山市のNPO団体「障がい者・児の性と生を考える会」（性生会）では、二〇一九年度に、松山市内の放デイで、全四回にわたる性教育の出前講座を行った。

きっかけは、性生会の性教育入門講座に参加していた放デイの職員から、講座の依頼を受けたことだった。

講座の対象は、放デイを利用している高校生。「性教育を通して、親子で一緒に学べる場を作る」という視点から、親子参加の講習に加えて、講師と保護者の座談会の場も設けた。

第一回は、「からだっていいな～性器も大切！～」というテーマで、グループワークや模型を使った講義を通して、男女の身体の違いやプライベートゾーン、男性器と女性器の違いを解説した。

第二回は、「いのちの誕生～自分はこうやって生まれてきたんだ！～」というテーマで、新しい命をつくる働きを持つ大切な器官としての性器の仕組みを知り、産道体験（産道に見立てたトンネルをくぐり、自分が生まれた瞬間を追体験するプログラム）などを通して、自分が自力でがんばって生まれてきたこと、そして周りから祝福されて生まれてきたことを体験する時間を設けた。

第三回は、「いのちをつくるはたらき～大人になったからだ～」というテーマで、異性との関係の場面でどのような行動をとるとよいのかについて、男子・女子双方が参加するゲームを通して具体的に考えていった。

また思春期の二次性徴に伴って身体がどのように変化・成長するのかについて、性器の機能や月経・射精の仕組みを模型やスライドで解説した上で、自分の身体と肯定的に付きあっていけるようになるための知恵を伝えた。

第四回は、「おつきあいのルール～好きな人ができたよ～」というテーマで、異性との付きあい方について、相互に理解した上でふれあいや交際ができるように、「告白をする場面」「告白をして断られる場面」「告白をされて断る場面」、それぞれのロールプレイングを通して学んでいった。

母親のみならず、父親の参加者も回を重ねるごとに増えていき、このテーマに対する関心の高さが窺えた。

全四回の講座の目標は、「障がいのある子どもたちが自分の身体のことを学ぶ楽しさを味わいながら、自分の身体を大切にしようとする気持ちを持てるようにすること」、そして「自分も相手も大切にしようという気持ちを持って行動をできるようになること」の二つである。

障害のある子どもにとって、二次性徴に伴う身体の変化は大きな不安を感じることであり、なかなか受け入れられないこともある。そうした中で、自分の身体にこれからどのような変化が起こっていくのかを学ぶことで、身体の変化を肯定的に捉えて、成長を楽しみにする気持ちを持てるようにすることは、自己肯定感の獲得、そして社会的自立のために、重要な支えになる。

性生会では、児童発達支援事業を行っている事業者が集まる県の発達支援通園事業連絡協議会や、障害者支援研修会などでも、障害者の性に関する講演を行った。

支援者向けの研修では、支援者自身の性に対する偏見を取り除こう、という呼びかけから始まる。同会代表の渡邉泰正さんは、「まず放デイの職員が正しい性知識を持っていることが望ましいと思います」と語る。

渡邉「放デイの職員の方には、積極的に性に関する発信をしてほしいというよりも、通所されるご家庭から性に関するトラブルの相談があった場合に、正しい知識の提供と適切な指導をしていただきたい。

障害のある方やそのご家族に対しては、『一人で抱え込んで悩んでいるのは、私一人じゃなかったんだ』という安心感を持ってほしい。

まずはご家族が一人で抱え込まないこと。私たちも、子どもたちやご家族の孤立感や孤独感が薄まるような活動をしていきたいと考えています。

『他人事ではない』『応援したい』と思う人が増え、障害と性に対する誤解と偏見が減っていくことで、当事者とその家族が生活しやすい地域社会になっていくはずです」

性教育の現状と課題

模型を使った解説や産道体験など、性生会の出前講座で行われているプログラムは、障害のある子どもに対する性教育のプログラムとして、長年にわたって各所で研究と実践が積み重ねられてきたものである。障害のある子どもの特性や関心に合わせた内容になっており、支援者や保護者からの評価も高い。

障害のある子ども向けの性教育プログラムには、四キロのお米を付けたエプロンを装着して階段を上り下りする妊婦体験や、デートＤＶ予防のロールプレイングなど、様々な内容が存在している。

放デイの中で、こうしたプログラムを通して、子どもたちが男女の身体の違いや、「お互いの同意を得てから行う」「嫌なことははっきりと断る」といった交際のマナーを学び、性について困った時に保護者や職員に相談できる関係性づくりを行っていくことができれば、理想的だろう。

ニーズと効果がある一方で、第一章でも述べた通り、放デイの現場では、まだまだこうした性教育の試みが十分に広まっているとは言い難い。この背景には、どのような課題があるのだろうか。

障害のある子どもの性教育の現状と課題について、『ゼロから学ぶ障害のある子ども・若者のセクシュアリティ』（二〇二〇年・全障研出版部）の著者である日本福祉大学准教授の伊藤修毅《なおき》さんにお話を伺った。

伊藤「ここ数年、障害のある子どもの性教育に関して、放課後等デイサービスの職員に向けた研修・講演依頼を受けることが増えています。

放デイの事業者は各地の自立支援協議会（＝県や市区町村に設置されている、地域の福祉事業者が障害児・者の支援体制の整備に関する協議や情報共有を行う組織）に所属しているので、その児童部会から講師を依頼されることが多いです。

ちょうど昨日も、放デイの職員さんを主たる対象者とする『障がいのある人の性と生の教育と支援』というオンラインセミナーの講師を務めました。

セミナーでは、前半は私が障害者権利条約やふれあいの権利についての話をして、後半は、放デイの事業者による現場での性教育の実践報告と、それに対するコメントを行いました。

放デイの職員の方々が、障害のある子どもの性について、問題意識を持たれていることは間違いないと思います」

一方で、実際に問題になっているのは、子どもたちではなく、職員の意識の方である場合も多い、と伊藤さんは指摘する。

伊藤「現場の職員の方からのご質問で一番多いのは、『子どもとの距離感』についてです。子どもがいきなり抱きついてきたり、異性の職員に密着したり、子ども同士でくっつきあったりと、とにかく距離感が近すぎるので、どうすればいいか、という質問です。具体的な状況を聞くと、そうした行動には、特に性的な意味がこもっているわけではない。つまり、大人たちがどう捉えているか、が問題になっている。

大人から見ると性的な行為に見えるが、子ども本人は、決してそう思っているわけではない。

最近は、『距離感で悩んでいる』という質問に対しては、『距離感を問題として捉えないでください』とはっきり伝えています。

表面的な距離感だけをどうこうするのではなく、もっと人と豊かに触れあっていこう、関わっていこうとすることが大切です。必要なのは、ふれあいを通して子どもの成長を促していくことです」

一方的なタッチから、相互的なふれあいへ

伊藤「障害のある子どもの性教育では、最初にタッチの学習から始めます。人に触れる・触れられるということが何なのかを学んで、経験してもらう。

タッチには、良いタッチもあれば、悪いタッチもあります。こういうタッチって心地よいよね、こんなふうにタッチされたらいやだよね、ということを経験的に理解していく。

そうした経験と理解をベースにして、一方的なタッチから、相互的なふれあいへと段階が上がっていく。

放デイであれば、子ども同士のふれあいを伴う遊びなども、どんどんやれるはずです。

そうした遊びの提供にしっかり取り組んでもらい、人との心地よい関わりを身につけてもらえると、その次のステップとして、いやな関わり方や、いやな触られ方をされた時の対応を身につけることができます。

『いやな触られ方をされたら、いやって言っていいんだよ』『相手にもいやな触られ方があるんだよ』という理解と経験が積み上がっていく。そうした積み上げの機会を、ぜひ放デイで提供していってください、ということを、職員の皆さんにお伝えしています」

まずタッチの快・不快を認識することで、「自分にとって心地よい触られ方」「いやな触られ方」を理解することができ、それがベースになって、「相手にとって心地よい触られ方」「いやな触られ方」も理解することができる。

そこから、他者に対していやな触り方をしないことを学べる。そして他者からいやな触られ方をされた場合に、きちんと「NO」という意思表示をすることができるようになる。

とても論理的で、放デイの現場でもすぐに実践できそうな内容だが、ガイドラインのようなものは存在しているのだろうか。

伊藤「現在の放デイにおいては、性に関するトラブルが起こった際に、現場の職員が参照できるようなガイドラインは存在していません。『国際セクシュアリティ教育ガイダンス』はありますが、放デイの現場ですぐにそのまま使うのは難しい面もあります」

ユネスコ（UNESCO）によって発行されている『国際セクシュアリティ教育ガイダンス』においては、「障害のある若者」に関しても言及されている。

歴史的に、障害のある人々は性的欲望がない、もしくは性的抑制がきかない存在であるとみなされ、性教育は必要のないもの、場合によっては有害なものとして考えられてきた。

しかし、障害のある若者は、社会的な立場の弱さにつけこまれて性暴力の被害を受けることも多く、HIVなどの性感染症についても脆弱な立場にある。

障害のある人たちのセックスや性行動を危険なものとして問題視するのではなく、性に関する健康と権利を保障することの重要性をガイドラインでは指摘している。

精神的、身体的、または情緒的障がいのある若者の誰もが性的な存在であり、最高水準の健康を維持する中で、強制や暴力のない、よろこびのある安全な性的経験をすることを含む、かれらのセクシュアリティを楽しむ権利、良質なセクシュアリティ教育と性と生殖に関する健康サービスにアクセスする権利を同様にもつ。

『国際セクシュアリティ教育ガイダンス　科学的根拠に基づいたアプローチ【改訂版】』（ユネスコ編　浅井春夫・艮香織・田代美江子・福田和子・渡辺大輔訳　二〇二〇年・明石書店）52ページより引用

伊藤「現実的には、多くの場面において、子どもに対して『人と話す時は、一メートル以上離れましょう』『腕一本分、離れなさい』というルールを教え込む形になってしまう。とにかく機械的に他人との距離感を叩き込むような指導がまかり通ってしまっています。

障害のある子どもたちに本当に必要なのは、決してそうした対応ではありません。触れあうことへの欲求を満たさずに、ただ機械的に距離を取らせるだけの指導では、子どもたちの発達を阻害する危険性があります。
人と人との距離感は、『その二人にとって心地よい』ものであれば、それでＯＫです。適切なふれあいをたくさん保障することが、子どもたちの発達につながります」

集団の利点を活かす

子どもたちが放デイの中で過ごす時間は、決して長くない。平日であれば、学校が終わってから一〜二時間程度である。短い時間の中で、他人との距離の取り方については、どのように教えていけばよいのだろうか。

伊藤「性的な行動は子どもたちの発達の過程で起こってくることなので、職員さんにはおおらかに眺めていてもらえれば……というスタンスがベースにあるのですが、障害のある子どもたちが性の問題を理解するためには、学習が必要になります。
本来は、学校が性教育をやってくれればよいのですが、学校は十分にやってくれない。『おうち性教育』[*7]も流行っていますが、家庭だけに全てを任せるわけにもいかない。

放デイの魅力は、多くの子どもたちが集まっている空間なので、一緒に学びあう仲間集団を作ることができる、という点にあります。

その利点をうまく活用して、ふれあいのあるゲームやフォークダンスなどを通して、スキンシップが必要な子どもに対して、きちんとスキンシップを保障すること＝『ふれあいの文化の教育的保障』を行うことができれば、理想的です。

また週に一回程度、ちょうどいい年代のメンバーがそろったタイミングで、学習会を開いて、一定のカリキュラムに基づいた性教育をやってもよいのではないかと思っています。昨日のセミナーで紹介した放デイでの実践は、そうしたカリキュラムを作って性教育を行っているケースです[*8]」

放デイでは、日によって子どもの年齢や障害がバラバラなケースも多いが、軽度の知的障害のある中高生など、年齢や障害特性の近い子どもたちでグループを作って、その単位で性に関する学びの機会を設ける、という形ができれば、確かに理想的だろう。

自分の性器は「触っても良いもの」である

前章のアンケートでは、「人前で性器をいじってしまう」「人前での自慰行為をどうすればいいか」と悩んでいる職員が多かったが、この問題に対しては、どのようにアプローチしていけばよいのだろうか。

伊藤「まず前提として認識を共有しておきたいことは、自分の性器は『触っても良いもの』であるということです。

子どもが性器に触った時、周りの大人から『そんな汚いところは、触ってはいけません！』と叱られて、それ以降性器に触ることができなくなってしまった、というケースもよく聞きます。性器に触れない場合、自分で洗うこともできなくなりますし、排尿にも支障が出ます。きちんと触れることは大切なので、触れることを褒めてあげるくらいでも良いと思います。

マスターベーションに関しても、まず、きちんと自分の力でできることが第一です。

マスターベーションを一人でできること自体は大切なことなので、そこは『伸ばしてあげたい力』として、肯定的に捉える必要があります。

その上で、性器タッチやマスターベーションを『人前でしてしまう』ということが、その子にとってどのような課題なのかを考えて対応していく必要があります。

精神的な緊張状態が強くなったり、退屈を感じると、性器に手を伸ばしたり、マスターベーションを始める子どももいます。放デイの空間がその子にとって緊張する場や退屈する場になっていないかどうかもチェックする必要があるでしょう。課題や原因は、子ども一人一人によって違う。

『人前ではなく、お家の中で、一人でいる部屋の中でしようね』というやり取りを重ねることで、うまくできるようになる子もいます。一方で、そんなことを言ったら、『無理矢理禁止された』と捉えて、大荒れになってしまう子もいます。そこの対応は、人それぞれで違っていい。

場所を変えられる子に対しては、他の場所に移動して、そこでしてもらうようにする。どうしても場所を変えられないのであれば、部屋の一角にパーテーションを作って誘導するか、そこから頑として動かないようであれば、その場所で囲いを作って、他の人から見えないような形にする、という対応になると思います」

子どもが人前で自慰行為を行うことに関しては、職員や保護者にとっては大きな心労の種になるが、これは時間が経てば落ち着く傾向があるのだろうか。それとも、そのまま延々と繰り返されることが多いのだろうか。

伊藤「人前で延々とやり続けるということは、あまりない。まず、ちゃんとマスターベーションができる＝男子の場合は射精まで達するようになる、という段階を踏むことが必要です。

それができるようになれば、マスターベーションを行う上で気を付けなければならないことも、少しずつ分かってくる。知的障害のある子どもの中には、『射精をするのが怖い』と感じる子もいます。射精が近づいてくる時の感覚が怖くて途中でやめてしまう、というケースに出会ったこともありました。慣れてくれれば大丈夫だと思うのですが、射精がうまくできない段階で無理矢理行為を止めたり、頭ごなしに『ダメでしょ！』と言い続けたとしても、荒れる一方でしょう」

「人前で自慰行為をする」という行動だけに囚われてしまうと、焦りのあまり、どうしても「どうやってやめさせるか」「どうすれば止められるのか」という発想になってしまいがちだが、男子の場合、射精をすればマスターベーションは終わるので、「まず射精の方法をきちんと教える」「その後にマナーを教える」が正解になる。

一方で、射精に対する恐怖は、どのように克服すればよいのだろうか?

伊藤「今は、家庭でも学校でも、男子が射精について学ぶ場がそもそもない。そこは性教育の出番です。身体の学習をする中で、男の子はちんちんからおしっこじゃなくて白い液体がピュッと出ることもあるんだよ、ということを、模型を使って見せる。そうした学習を積み上げていけば、射精に対する不安や恐怖を消すことができます」

特別支援学校の教員養成課程の中に、性教育は含まれていない

二〇一一年の調査(児嶋芳郎・細渕富夫「知的障害特別支援学校における性教育実践の現

状と課題―全国実態調査の結果より―」）によれば、特別支援学校の中で定期的に性教育を行っている学校は、全体の約三割程度だった。小学部では約二割、中学部と高等部では約四割程度に留まっていた。

現在、国内の特別支援学校では、自慰行為の話も含めて、性教育がきちんと行われている状況なのだろうか？

伊藤「『きちんと』の内容にもよります。特別支援学校で性教育がどれだけ行われているかに関する調査もありますが、感覚的にはそれほど多くはない。

そもそも、特別支援学校の教員養成課程の中に、性教育は含まれていない。夏休み中に行う校内研修のテーマの一つに性教育を入れてもらって、私のような立場の人間を講師として呼んでもらうとか、あとは民間の性教育団体の研修会に、先生方が自腹で自主的に来ていただくか。それくらいですね。

今は学校の多忙化がひどいので、先生方にも、休日に民間団体の研究会に参加するというエネルギーがなくなっている。民間の自主的な研究会に、学校の先生が気楽に参加できるような状況にはなっていないと思います」

教員養成課程における性教育の欠如だけでなく、教育現場の多忙化も絡んでいるのだとすれば、障害のある子どもの性の問題は、個人的な問題ではなく、構造的な問題であると言える。

伊藤「『あなたの学校では、性教育をやっていますか』という問いを投げかけた場合、そこそこの学校が『うちの学校では、性教育をやっています』と答えると思います。ただ、その中身を突き詰めていくと、大分心もとないことが多い。自慰や射精の話などを、子どもたちに伝わるようにやっているところは、まだまだ少ないと思います。

表面的な授業しか行われていない学校も多いです。それこそ、子どもに対して、『人と話す時は、腕一本離れなさい』と伝えることが『性教育』だと思っている人もいると思います」

障害のある子どもの性教育の歴史

障害児の性の問題は、一九六〇年代から全国各地の親の会などでテーマとして少しずつ取り上げられるようになった。一九七〇年代から、北欧でノーマライゼーションを学んできた東京学芸大学の大井清吉教授のグループや、性教育家の北沢杏子《きょうこ》氏などの先進的な研究者や専門家によって、障害のある人の性の問題に光が当てられるようになった。

そこから一九八〇年代にかけて、「性＝人権」と捉える流れが徐々に広まってきた。一九九〇年代になって、ようやく養護学校（現在の特別支援学校）の高等部でも体系的・先駆的な実践がなされるようになってきた。

しかし、その矢先の二〇〇三年、東京都の七生《ななお》養護学校で行われていた性教育の授業「こころとからだの学習」に対して、東京都教育委員会と都議会議員が介入する事件が発生し、メディアや司法の場を巻き込んで大きな社会問題になった。

七生養護学校の生徒の中には、親の顔を知らなかったり、虐待を受けてきた生徒も多く、集団生活の中で性的な問題行動を起こしてしまうこともあった。このような状況下で、子どもたちに生きることの大切さを伝え、自己肯定感を育んでもらうために、七生の先生たちは「こころとからだの学習」を始めた。

言語的な理解が難しい生徒たちに、男女の身体の違いや妊娠・出産を視覚的・体感的に伝えるための独自の教材やカリキュラムを活用した七生の実践は、外部の校長会などでも高く評価されていた。

しかしこの実践が突如、東京都議会議員や都知事・教育長によって都議会で「不適切」と決めつけられ、教材の没収、妊婦体験など体験学習の禁止、生徒に対する性教育の廃止などの措置が次々に下された。

この事件は東京都教育委員会及び都議に対する訴訟に発展し、最終的には当時の七生養護学校校長・教員らの原告側が勝訴した。

しかし、この七生の事件以降、性教育の世界には大きな逆風が吹き荒れた。教育現場は萎縮し、障害のある子どもの性教育に関する研修や講演が行われる回数も激減した。

伊藤「そうした中でも、ここ数年、多少現場の意識は変わってきているのかなと感じます。地域差はあると思いますが、世の中で性教育がブームになることと並行して、性に対して問題意識を持つ学校が増えてきたという印象はあります。一〇年ほど前に比べれば、こうした問題が取り上げられやすい空気は若干できていると思います」

学校・放デイ・家庭の連携を阻む壁とは？

ポジティブ・ネガティブを問わず、ジェンダーやセクシュアリティに関する話題がメディアやSNSで取り上げられることが増えている中で、確かに障害のある子どもの性教育を問題化しやすい空気が醸成されていることは間違いない。

一方で、前章のアンケートの結果からも分かるように、性に関するトラブルについて、学校・放デイ・家庭の連携によって解決の方法を探る、というケースはまだまだ少ない。

どのようなことが、三者の連携を阻んでいる壁になっているのだろうか？

伊藤「ちょうど昨日の講演でもそのような質問が出たのですが、三者の連携がとれるのは、今のところはケースレベルにとどまることが多いです。

何か子どもが問題行動を起こした場合に、学校・放デイ・家庭の三者でケース会議[*9]を行うことはある。

ただ、そういうことに積極的な学校と、そうでない学校がある、という話はよく聞きます。放デイとしては、もっと学校とつながって、子どもの状況などを情報交換したいと考えている場合もありますが、学校の先生は、案外放デイを見ていない。授業が終わって放課後になったら、迎えに来た職員に子どもを受け渡しておしまい、になってしまっている。下手をすると、受け渡しもきちんとしない。受け渡す際に、先生と放デイの職員で立ち話でもできる機会があれば、また違うと思うのですが。お互いに敷居が高いと思っているところもあるのだと思います」

性に関する問題に限らず、元々学校と放デイとのつながりが強くない、という問題は確かにある。職員に対するインタビューでも、「学校に相談しても、『まず保護者を通してくれ』と言われた」というケースはあった。

子どもの情報を持っているのは放デイなのだが、放デイから直接連絡を受けても、「保護者からの連絡ならともかく、放デイに言われても……」と、連携に消極的な姿勢の学校もある。

伊藤「子どもたちの一番リアルな姿が出る場所が、放デイなんだと思います。学校や家庭では、出しづらいことが出せる。性に関する出来事についても、一番表に出やすい場所になっている。それを学校や家庭と共有していければ良いのですが」

生理への対応

第一章で分析したアンケートの中では、生理のトラブルに関する報告もいくつか寄せられた。第二章の男性職員へのインタビューでも、女子児童の生理に対応することの難しさや心理的な抵抗感が挙げられていた。障害のある女子の生理をめぐる問題に対しては、どのように対応していけばよいのだろうか。

伊藤「生理中に体調や機嫌が悪くなる、ということは、障害があってもなくても起こりうることです。ただ、障害特性に関する問題としては、感覚過敏がある女の子で、ナプキンの質感が耐えられなくて人前で脱いでしまう、というケースがあります。

こうした相談であれば、『世の中には様々なタイプの生理用品があるから、色々なものを試してみて、本人が苦痛に感じないものを選びましょう』と伝えています。

タンポンや月経カップはハードルが高いかもしれませんが、布ナプキンであれば問題が起こらなくなる、というケースもあります。

普通のナプキン以外は教えたことがない、使ったこともない、という人も意外と多い。性教育をやっている先生の中でも、タンポンについては教えたことがない、という先生もいる。感覚的なこだわりがあるのであれば、まず本人に合う生理用品を探してあげることから始めてほしいです」

生理中に体調や機嫌が悪くなること自体は、女性であれば、確かに障害の有無にかかわらず生じることである。「障害」と「生理」という、語りづらいテーマが重なることで、問題が過度に複雑に捉えられてしまう傾向はあるだろう。教える側の固定観念に囚われず＝ナプキン一択の押し付けにならず、他の選択肢を柔軟に提示することは大切だと言える。

生理と並んで、外国籍の子どもの言動に関しても、固定観念が不要な問題を生んでしまうこともある。

伊藤「以前聞いたことがあるのは、フィリピン籍の、友達と頻繁にハグをする子どもの話です。学校の先生が『ハグをやめさせてください』と母親に言っても、母親は理解できない。どうすればいいですか……という相談があったということなのですが、子どもがハグをしたがること自体には、特に問題はない。逆に、日本の文化を疑った方がいい」

自然にハグを行う文化がある国では問題にならないが、そうした文化のない日本では、身体接触や距離感が「問題行動」に結びつけられがちだ。目の前で起こった出来事や言動を「問題行動」として捉える前に、まず支援者が自らの価値観や経験を問い直す必要があるケースは少なくないだろう。

愛着形成期と思春期が重なることによって生じる問題

第一章でも取り上げたように、子どもが距離感を測れないことや、特定の相手に密着したがることに悩んでいる保護者や支援者は多い。障害のある子どもたちが、他の子どもや職員にくっつきたがる背景には、どのような理由があるのだろうか。

伊藤「背景には不安があることが多いです。誰かにくっついていないと、安心できない。特にＡＳＤの子どもは、定型発達の子どもに比べて、愛着形成期が遅れてやってくることがあります。

定型発達の子どもであれば生後十か月〜一歳の頃に訪れる愛着形成期が、ＡＳＤの子どもに関しては、思春期と重なってやってくることがあります。それまで他人にベタベタせず、関心を持たなかった子が、小学校高学年や中学生になると、急に人を求めるようになってくる。

子どもの成長を考える上で、愛着形成期は、最もスキンシップを大切にしなくてはいけない時期です。しかし、それが二次性徴などの身体の変化と同じ時期にやってくると、支援者はどうしても抵抗感を覚えてしまいます」

確かに、中学生や高校生になり、大人に近い体格や見た目になった子どもが、異性の職員にいきなり抱きついてくる、という状況は、職員としては受け入れがたいだろう。

一方で、愛着形成のためには、スキンシップは欠かせない。このジレンマに対しては、どのように向きあっていけばよいのだろうか。

伊藤「確かに、『この年になって、こうした振る舞いをするのはどうかな……』というためらいは生じると思うのですが、これは子どもの成長や自立のために大切な時期だと捉えて、支援者の方もちゃんとスキンシップを取るように切り替えていってほしい。そうしないと、いつまでたっても子どもはしんどいままです。愛着形成期に十分なスキンシップを得られなかったことが、その後、尾を引いてしまう可能性もあります。

抱きつきが性的な意味のある行為ではなくて、あくまで愛着の形成に必要なものである、という認識がもう少し現場で広まっていけば、スキンシップを許容できるようになっていくのではないでしょうか。この点に関しては、より啓発が必要だと思います」

トラブルは必ず起こる。誰にも相談できないことが問題

中高生の時期になると、「裸の画像を送りあう」「知らない相手と出会ってしまう」な

ど、スマホやＳＮＳに関するトラブルが起こるようになる。ＳＮＳでのトラブルに対しては、どのように対処していけばよいのだろうか。

伊藤「軽度の知的障害と言われる子たちは、中学や高校になれば、普通にスマホを持っており、普通に使いこなしています。

ＳＮＳ絡みのトラブルに関しては、学校よりも放デイの方が深刻だと思います。ＳＮＳで知りあった怪しげな人に会いに行ってしまう、などの問題は実際に起こっています。ただ、こうしたことは、ＳＮＳ自体の問題だけではなく、子どもと職員の関係性の問題でもあります。性行動を禁止するタイプの支援者には、ＳＮＳで何かトラブルがあったとしても、子どもは絶対に相談しない。普段から性に関する話をしていたり、性教育をやっていたりするなど、性のことや恋愛のことも話せる支援者であれば、子どもたちは話してくれる。

障害のある子どもは、少しでも信頼できそうと思った相手には、良くも悪くもプライベートなことも含めて、すぐに話してしまう傾向があるので。

子どもと職員との間でそうした関係があれば、ただ頭ごなしに『知らない人と会っちャダメ』と言うだけでなく、『まずこういう返信をして、相手の反応を見てみようか』など、具体的なアドバイスをすることができます。相談さえしてくれれば、解決策は伝えられる。

SNSでトラブルが起こること自体が問題ではありません。障害の有無にかかわらず、思春期の子どもがSNSを使えば、必ず何らかのトラブルは起こります。トラブルが起こっても、誰にも相談できない環境に置かれてしまうこと、それが問題です。

そう考えていくと、『障害のある子どもの性の問題』と見なされているものの多くは、支援者側の問題である、ということになります」

「アダルト動画の影響」は意外と少ない

障害の有無を問わず、性教育の領域においては、ネットのアダルト動画やAVが「誤った情報源」として取り上げられることが多い。障害のある子どもに関しても、ネット上の性的な動画を観続けて、誤った性意識や知識を身につけてしまうことはあるのだろうか。

伊藤「障害のある子どもが、ネットで性的な内容の動画を観続ける……という例は、あまり聞いたことがありません。

企業が運営している放デイの中には、『子どもがいてくれれば、それだけで金が入るから』という理由で運営されているところもあると聞きます。

いわゆる『何もしない放デイ』＝ゲームをやらせるだけ、動画を見せるだけ、といった、とても障害児福祉事業所とは言えないようなところもあるようです。

ただ、そうした環境の中で動画を観ることがやめられなくなったとしても、それは性の問題ではなく、その事業所の問題でしょう」

第一章の保護者インタビューやアンケートでも、「ネットの動画を観続けて困っている」という声は寄せられたが、「アダルト動画を観続けて困っている」という声は意外と出てこなかった。

確かに、小中学生の子どもたちにとって、ゲーム実況などの面白い動画はいくらでもある。また、親の目の届くところで、親に管理されたパソコンやタブレットでＹｏｕＴ ubeの動画を観ている場合、（YouTubeでは性的な内容の動画は基本的に制限されているので）アダルト動画を観ることはそもそもできない。そうした環境の中で、「アダルト動画を観続ける」という状況は、そもそも起こりえないのだろう。

子どもの性に関する行動を「問題」だと思わないこと

性教育の問題を考えていくと、障害のある子どもの性に関する問題の背景には、支援者側の性の問題があることが浮かび上がってくる。その問題を乗り越えるためには、まずは支援者側の性に対する価値観を見直していく必要があるが、自らの性に関する価値観の偏りを自覚したり、必要に応じて修正していくことは、なかなか骨の折れる作業になる。

自分の経験や価値観に過度に引きつけてしまわずに、障害のある子どもの性の問題を考えていくための第一歩として、まず、どのようなことから始めたらよいのだろうか。

伊藤「対応の大前提になるのは、子どもの性に関する行動を『問題』だと思わないことです。問題だと思うから、止めたくなる。目の前の行動を、『予防』『解決』すべきトラブルとしてしか捉えられなくなってしまう。

『問題行動は発達要求』という言葉がありますが、『性的問題行動＝性教育要求行動』と捉えてみてはどうでしょうか。

子どもたちは、性の発達を遂げている最中の段階にあります。にもかかわらず、誰もそれを支えてくれる人がいない。そう考えると、子どもたちの『問題行動』は、『きちんと性教育をしてほしい』というメッセージとして捉えることができるはずです。

性器に触ることについても、まず、『性器にタッチすること自体は構わない』ということを、支援者側が理解しておく必要があります。自分の性器は自分の身体なのだから、触るかどうかは自分で決めていい。それに対して『ダメだ』『させたくない』と思ってしまうのは、支援者側の問題です。

必要なのは、本人が自らの意思で、適切な性行動を決定し、行うことができるように、周りの大人がサポートすることです。自分や他人の性器、自慰行為に関心を持つことは、障害の有無にかかわらず、子どもにとって、ごくごく自然なことです。『性行動をなくす』『止める』のではなく、本人にとってより良い性行動をとれるように支援していく・学習する機会を保障していく、という方向に切り替える必要があります。支援者側がそうした切り替えができるかどうかが、障害のある子どもの性と向きあっていくために、一番重要な条件になると思います」

子どもの性に関する行動は、決して「問題」ではなく「成長の過程」である。放デイの現場では、どうしても性器タッチや自慰行為などの行動そのものだけが問題視されがちだが、そうした行動を「点」（問題行動）ではなく「線」（成長の過程）として捉えて、「子どもの成長を支える」という長期的な視点に基づいて支援ができれば理想的だろう。

高校卒業後の「性教育」の解決策

第一、二章のインタビューやアンケートでは、保護者・職員の双方から「高校を卒業した後、どうすればいいのか」という不安が多く寄せられた。高校を卒業して放デイを利用できなくなり、支援制度が手薄になっていく中で、どうすればいいのだろうか。

伊藤「私が性教育と並行して力を入れて研究をしている分野が、高等部卒業後の障害者の学びです。具体的に言うと、障害のある子どもたちにも『進学』という選択肢があってもいいのでは、と考えています。

現状では、高等部を卒業した後は『福祉的就労』か『一般就労』かの二択しかありません。しかし、同世代の半分以上は、大学に進学する時代です。障害のある若者にも、もう少しゆっくり学べる場があってもいいのではないでしょうか。定型発達の子どもと比べて、ゆっくり成長する子どもが多いのに、途中で支援が打ち切られたり、学ぶ場所がなくなってしまうのは辛い。

自立訓練（生活訓練）事業などの障害者福祉サービスの制度を活用しながら高校卒業後の教育を行う『福祉型大学』『福祉型専攻科』と呼ばれる事業所は、各地で少しずつ増えてきています。主に知的障害・精神障害者向けの事業ですが、高校卒業後にそういった場につながれると、そこで時間をかけて性教育を行う、ということもやりやすい。

現時点で、こうした場所は全国どこでもあるというわけではありません。また四年制にする場合、後半の二年間を就労移行支援事業として行うこともあるので、後半の二年間は就労を重視したカリキュラムになる。合わない人には合わないし、ゆっくり勉強したい人にとっては辛いかもしれません。
ただ、こうした場を増やしていくことは、卒業後の問題に対する一つの解決策になると思います」

確かに現在の高等教育では、障害のない生徒であっても、性教育を十分に受けられているとは言い難い状況である。大学に進学して、サークルやゼミ、バイトの人間関係の中で恋愛やセックスについて学んだ、という人も多いだろう。障害のある若者に対しても、同様の教育や経験の機会を保障することは、非常に有効な「性教育」になるはずだ。

伊藤「正直、思春期に入ったら、そして十八歳を過ぎたら、性について親が介入しなくてもいいと思っています。自分の性のことは、親にはちゃんと隠そうよ！ と。もちろん、性のことで悩んだり困ったりすることはあるので、そうした時に相談できる人はどこかにいなくてはいけない。
何らかの福祉サービスを使っていれば、相談支援の事業所とは必ずつながっているわけじゃないですか。そこの相談員さんが、性に関する相談にも乗れるようになれば理想的だと思います。相談を受けたら、自分で対応する、もしくは他の専門家につなぐ。こうした対応のできる相談員が増えていけばよいと思います」

性のことを受け止めて聴くことができる相談員がいて、必要に応じて専門家の助言を受けられる、という仕組みがあれば、障害のある子どもの性行動がむやみに「問題」と見なされてしまうことも減るはずだ。

時間をかけて子どもと信頼関係を作って、そこでやっと性の問題が出てくるのだとすれば、まずは放デイの職員と子どもの関係性を充実させることが課題になるだろう。

仲間同士で語りながら学んでいくために

家庭と学校に対しては、障害のある子どもの性と向きあっていく上で、今後どのような役割が求められていくのだろうか?

伊藤「家庭で教えられることは教えてほしい。ただ性教育は、家庭内という閉じた空間で行うよりも、集団の中で行う方が効果的です。

性に関する学びは、大人から一方的に教えられるものだけではありません。人間関係に関わる部分や、デートや告白の方法などは、仲間同士で語りながら学んでいくものです。障害のある子どもには、そうした経験を積むことのできる機会が少ない。

集団で学ぶことのできる場はとても大切なので、学校や放デイに対して、『もっと性教育をやってほしい』という声を家庭から上げていってほしいと思います。

学校は、よく『性教育の授業を行うことについては、保護者の合意が得られない』と言いますが、『本当に保護者に聞いてみたの？』と思います（笑）。家庭としては、学校に対して、『きちんと性教育を行ってほしい』とアピールしてもらいたいです。

学校としては、責任を持って性教育を実施してほしい。また教育課程に性教育をきちんと位置づけることも必要です。性教育という教科が学習指導要領にあるわけではないので、現状ではやってもやらなくてもいいもの、やらずにやり過ごすこともできてしまうものに留まっています。『とりあえず保健体育の時間にやっている内容でいいじゃないか』というところもあれば、『総合的な学習の時間を使って性教育をやろう』というところもある。外部講師を呼んで一回授業をやって終わり、というところもある。

学校の裁量次第では、やろうと思えばやれる。学校として、性教育の必要性を認識して、年間でこれだけの時間はやろう、と目標を設定していかないと、前に進まないと思います」

性教育抜きでは解決できないが、性教育だけでも解決できない

障害のある子どもの性教育に関しては、本章の冒頭で紹介した通り、既に実効性のあるプログラムは出来上がっており、保護者や支援者の関心や評価も高い。性教育の実践に関する理論も、伊藤さんのお話から分かる通り、論理的にも非常に明快だ。

全国の特別支援学校、そして放デイというインフラを通じて、性教育を広めることができれば、長年タブー扱いされ続けてきた障害者の性問題を解決へと前進させる上で、大きな突破口になるはずだ。「誰も損をしない」「やらない理由はない」ように思える。

しかし、特別支援教育の場では、性教育はなかなか普及していない。放デイの現場でもまだまだこれから、という状況だ。

障害のある子どもに対する性教育が思うように広まらない背景には、障害と性に対す

る根強い偏見、公の場で性を語ることへの抵抗感、政治的なイデオロギーの対立など、様々な要因が絡んでいる。

前述の通り、発達障害は原因がはっきり分からない。原因が分からなくても、支援や配慮をすることは可能であるし、していかなくてはいけない。性教育についても、なかなか普及しない原因、及び普及のための戦略を考えることと並行して、「普及に時間のかかる状況の中で、子どもたちをどう支援していくか」という視点も必要になるだろう。

性教育だけで発達障害のある人の性に関するトラブルを解決できないのであれば、性教育と並行して、それ以外の方法を考えていく必要がある。

性の問題は、関係性の問題である。発達障害のある人が「自分の立場を客観的に捉えることが難しい」「知識と行動がつながらない」という課題を抱えているのであれば、座学やワークショップを通して性の知識を教えるという直接的なアプローチ以外に、本人の行動や生活環境を変えていき、その結果として性に関するトラブルを減らしていく、という間接的なアプローチも有効であるはずだ。

こうしたアプローチは、「発達支援」や「療育」と呼ばれる領域の中で、近年目覚ましい発展と変化を遂げている。発達支援とは、一人一人の子どもの発達の状態や障害特性に応じて、現在の困りごとの解決と、将来の自立と社会参加を目指した支援をすることを指す。

次章では、現在主流となっている発達支援の種類・内容をレビューしていきながら、発達障害のある子どもの性に関するトラブルを具体的に解決していくための方法を考えていく。

＊7 『おうち性教育はじめます　一番やさしい！　防犯・SEX・命の伝え方』（二〇二〇年・フクチマミ・村瀬幸浩　KADOKAWA）が二〇万部のベストセラーになっている。
＊8 詳細は、『季刊セクシュアリティ』90号（二〇一九年）での報告『もっと教えてほしい！〜放課後等デイサービスでの「こころとからだの学習」〜』（NPO法人ぴよぴよ会　障害児相談支援専門員　植元あゆみ）を参照。
＊9 支援を必要としている子どもの事例（ケース）に対し、関係者や関係機関の担当者が集まって、支援方針と役割分担を決定するための会議。

第四章

「治す」「教える」「補う」で問題を解決する

方法論は、既にある程度確立されている

これまでの章で見てきた通り、障害のある子どもの性に関するトラブルは、本人の性的欲求だけではなく、むしろ生活技術（ソーシャルスキル）の不足、対人関係や環境に起因するストレスによって生じるトラブルの一つとして捉えることができる。

そして近年、発達障害のある子どもに対して、適切な生活習慣と対人関係のスキルを身につけてもらうための理論やプログラムは、目覚ましい発展と普及を遂げている。保護者向けの発達支援に関する書籍も、毎年膨大な数が刊行されている。

そう考えると、実は、障害のある子どもの性に関するトラブルに対処するための方法論は、ある程度確立されていると言える。

もちろん、あらゆる問題を一瞬で解決できる魔法の杖にはならないが、既存の方法論

に沿って対応することで、トラブルをかなりの割合で減らすことはできるはずだ。

第一章の保護者アンケートの回答では、子どもの「性に関するトラブル」の具体的な内容として「人前で服を脱ぐ」「人前で性器に触る（自慰行為をする）」といった回答が多数寄せられた。

そこで本章では、これらのトラブルをケーススタディにしながら、発達障害のある子どもの発達支援（療育）に関する代表的な方法論をレビューしていきたい。

性に関する問題だからといって、「誰にも相談せずに、一人で抱え込む」「何もしないで放置」という対応をしてしまっては、非常に勿体ない。

発達障害のある子どもの性の問題で悩まれている読者の方は、本章で紹介している情報の中で気になるものがあれば、関連書籍を読む・専門の窓口や施設に相談するなど、すぐに行動に移してほしい。


現在、発達障害のある子どもの発達支援に関する方法論としては、「ABA」と「TEACCH」という二つのプログラムがある。

ＡＢＡ（応用行動分析：Applied Behavior Analysis）

ＡＢＡは行動科学の理論の一つであり、人の行動の前後の出来事に着目し、周囲の環境や前後の出来事を変えることで、その行動を変容させたり、新しい行動を教えたり、不適切な行動をなくすことを目的としている。自閉症児や発達障害の問題行動を改善する目的で用いられ、その効果は科学的に実証されている。アメリカでは、多くの州で自閉症児の療育方法として、保険適用の対象になっている。

医師の松永正訓《ただし》氏は『発達障害　最初の一歩』（二〇二〇年・中央公論新社）の中で、ＡＢＡの骨子を、以下の三つのシンプルな原則に整理している。

- 褒めて伸ばす（強化）
- 手助けして成功体験をさせる（プロンプト）
- どんな状況でも正しい行動がとれるようにする（般化）

ここで、ＡＢＡの視点から、「放デイに来ると、皆の集まるフロアの真ん中で性器を触りはじめることが多いＡさん」（小一男子・ＡＳＤ）に対してどのようにアプローチしていくかを考えてみよう。

ただ頭ごなしに叱っても、多くの場合、本人は性器に触ることをやめない。逆に機嫌が悪くなって暴れ出したり、自傷行為や他害行為をしてしまう場合もある。

ＡＢＡでは、行動の背景にある要因と、行動に至る経緯に着目する。刺激やきっかけ（Antecedent）、行動（Behavior）、結果（Consequence）の三つの視点から分析するため、それぞれの頭文字をとってＡＢＣ分析と呼ぶ。

Ａさんの行動の前後と周囲の環境を観察した結果、以下の三つのステップがあることが分かった。

- 刺激やきっかけ（Antecedent）＝放デイが退屈
- 行動（Behavior）＝性器をいじる
- その結果（Consequence）＝周りにかまってもらえる

Ａさんの行動の背景には、「放デイにいる時間が退屈」という気持ちがあり、人前で性器を触ることによって、周囲の注意を引き、かまってもらえることで退屈さを解消している、ということが予想された。

人前で性器を触るＡさんに対して、周りの大人が騒げば騒ぐほど、本人は「性器を触れば、みんなが自分のことをかまってくれる」ということを学習する。叱ることも一種の注目なので、叱れば叱るほど、問題行動は強化されてしまう。

そう考えると、この場合に周囲の職員が取るべき対応方法は「無視すること」になる。こうした行動は、ＡＢＡでは「消去」と呼ばれている。

性器を触っても誰もかまってくれないことが分かると、「性器を触っても無駄」と学習するようになる。Ａさんが性器に触ることをやめた段階で、周囲の職員や保護者が「えらいね！」「すごいね！」と褒める。そして、「それじゃあ、〇〇しようか！」と別の行動に誘導する。それによって、今度は「人前では性器をいじらない」という行動が強化されることになる。

問題行動以外の適切な行動に誘導・強化することは、ＤＲＯ（Differential Reinforcement of Other Behavior：他行動分化強化）と呼ばれている。性器に触ることを繰り返す子どもの場合、両手を使う必要のある工作を好きになれば、両手がふさがるので、性器に触ることをしなくなる。問題行動と物理的に両立できない行動を選んで、それを強化する、という対処法だ。

子どもに自信と成功体験を与えることで、適切な行動を強化する

発達障害の子どもは、好き好んで問題行動を起こすわけではない。保護者や職員がイライラして頭ごなしに叱りつけても、子どもにストレスをかけるだけで、余計に状態が悪化してしまうことが多い。

ただ叱るのではなく、「声かけをする」「成功体験を積めるようにサポートする」「成功した時は盛大に褒める」ことによって、子どもに自信と成功体験を与えていくことで、適切な行動が強化されていく、というわけだ。

ＡＢＡのプログラムの目的は、「大人が望むように子どもの行動を変えること」ではなく、あくまで「子ども自身の生きづらさを減らして、子ども自身が困らないようにすること」にある。支援の対象になる行動は、大人から見て「変えたい行動」であるだけ

でなく、子ども本人にとっても「変えたい行動」でなければならない。

一方で、こうした対応をしていても、人前で性器に触ることが止まらず、子どもが暴れてしまうこともある。

そうした場合には、子どもに体罰を与えたり、家の外に追い出したりするなどの「積極的罰」を与えるのではなく、子どもを冷静にさせるために、別室で一人にしておく「消極的罰」を用いる。ＡＢＡでは、これを「タイムアウト」と呼んでいる。スポーツで例えれば、一種の退場処分であり、本人が楽しいと思っている時間を一時的に奪うことが目的である。

タイムアウトの目安時間は、年齢×一分。六歳であれば六分程度。別室で一人にすること以外には、不必要な苦痛を与えずに、時間が来たら何事もなかったように解放する。タイムアウトの時間を設けることは、職員や保護者自身が冷静になり、虐待や暴力を未然に防ぐことにも役立つ。

行動を消去しようとすると、子どもは一時的に行動をエスカレートさせることがある。これは「消去バースト」と呼ばれている。困った行動に対して、消去で対処しようとする時は、タイムアウトなどを活用して、うまく乗り越えていく必要がある。

もちろん、ABAに基づくABC分析やDRO、消去やタイムアウトによって、性に関する全てのトラブルが解決できる、というわけではない。

Aさんの場合でも、人前で性器を触ることの背景に「放デイが退屈」という原因があるのであれば、Aさんの行動を変えるだけでなく、放デイの側を変える＝退屈さを感じないようなプログラムを取り入れていく必要があるだろう。

それでも、「感情的にならずに目の前の行動と原因を分析すること」、そして「自分や子どもを責めない」「子どもが適切な行為をした際には、盛大に褒める」ということは、いかなる場面でも、どんな年齢・障害特性の子どもに対しても有効であるだろう。

TEACCH（ティーチ）

TEACCHは、一九七〇年代にアメリカのノースカロライナ州で始まった、自閉症の子どもとその家族を支援するプログラムである。正式な名称は、「Treatment and Education of Autistic and related Communication handicapped CHildren」（＝自閉症やそれに関連するコミュニケーションのハンディがある子どもたちへの治療と教育）である。

ＴＥＡＣＣＨの特徴は、自閉症の子どもの抱える困難や問題を「自閉症の文化」として肯定的に捉え、尊重する点にある。

自閉症の子どもを「問題のある障害児」として見るのではなく、「世界の見方が一般の人と異なる子どもたち」として捉え直すことで、周囲の人や社会が自閉症の子どもと上手に共生していくことを目指している。

ＴＥＡＣＣＨの中心となる療育の方法は、「構造化」と呼ばれている。構造化とは、発達障害のある子どもの取り巻く環境や、対応の方法を目で見て分かりやすく整理することを指す。

自閉症の子どもには、コミュニケーションが不得意で、時間の概念を理解することが難しい一方、視覚優位という特性がある。この特性を理解した上で、環境の構造化を進めていく。

自閉症の子どもは、一つの道具を使って複数の作業をすることや、一つの空間で別々の作業をすることが苦手であることが多い。例えば、一つのテーブルを使って、そこで食事をして、絵を描いて、おもちゃで遊ぶということができない。

そこで、「食事用のテーブル」「お絵かき用のテーブル」「遊び用のテーブル」といったように、使用目的に合わせて複数のテーブルを用意し、テーブルごとに「そこは何をする空間であるのか」を理解できるようにする。こうした方法を「物理的構造化」と呼ぶ。

また自閉症の子どもは、周囲の音や刺激に敏感なことが多く、集中できずに混乱してしまうことがある。こうしたことに対応するために、個々のエリアをパーテーションで囲って集中しやすい環境を作る、ということも物理的構造化の一つである。

物理的構造化と併せて、「文字ではなく、絵で見てすぐに分かるようにすること」＝視覚的構造化も重要になる。あいさつや歯磨き、服を着ることや食事など、絵によって説明された手順書があると、自閉症の子どもには伝わりやすい。床にテープを貼ることで、子どもの動線を視覚化したり、ホワイトボードに一日のスケジュールをイラストカードで表示する、などの方法がある。

自閉症の子どもは、次に何が起こるのか分からないと不安になり、かんしゃくやパニックを起こす傾向があるので、視覚的構造化によって「今は何をする時間なのか」「課題の量はどれくらいあり、現在どこまで終わっているのか」「あとどれくらい残っているのか」「終わった後に何をすればいいのか」を理解できるような仕組みを整えることによって、子ども本人に「自分でやることができた」という成功体験を積ませ、自信をつけさせることができる。

周囲の環境を物理的・視覚的に構造化していくことによって、子ども本人、そして周囲の職員や保護者のストレスも減らすことができる。

第一章で分析した保護者アンケートでも、「曖昧な枠組みや暗黙の了解のようなものを、明文化してもらって、その施設でのルールとして確立してもらったことで、分かりやすくなった」（小四女子・ＡＳＤ）という回答が寄せられている。

ちなみにこうした構造化は、自閉症の子どもだけでなく、健常者にとっても分かりやすい。道路の標識や地図記号、地下鉄やコンビニのマーク、スケジュールアプリや駅の時刻表など、私たちの生活の周りにも、構造化されているものはたくさんある。

「人前での自慰行為」を構造化によって解決

性に関するトラブルについても、構造化の視点からアプローチすることは可能なはずである。「放デイのフロアで自慰行為をしてしまうＢさん」（小四男子・ＡＳＤ）に対してどのようにアプローチしていくかを考えてみよう。

まず、自慰行為を行うこと自体は、決して否定しない。第三章でも取り上げたように、自分の身体を自分で触ること自体には全く問題がないし、性的な快感を味わうこと、それによって気分が落ち着くこと自体は、悪いことではない。問題は「人前で行ってしまう」という点だけである。性器いじりと同様に、ただ頭ごなしに叱っても、問題は解決しない。

まず必要なのは、「今いる場所が、何のための空間なのか（何をしてもいい空間なのか）本人が理解できるようにすること」である。

放デイのフロアは、みんなの共有スペースである。自慰行為を行ってもいいのは、みんなのいる共有スペースではなく、自分一人だけになる個別のスペースである。「自慰行為は、共有スペースではなく、個別のスペースで行うこと」を、イラストカードなどの視覚情報を利用して伝える。個別のスペースについては、トイレの個室や、フロアの一角をパーテーションで区切った場所を用意して、そちらに誘導するようにする。そして、毎日のスケジュールの中で、自慰行為をする時間を決めて、その時間を伝える。

自慰行為が終わった後の作業（ティッシュで拭いてごみ箱に捨てる、手を洗う）についても、イラストカードなどで手順を伝える。

イラストカードについては、『ワークシートから始める特別支援教育のための性教育』（二〇一八年・ジアース教育新社）などの書籍や教材が発売されているので、それらを利用することができる。

女子の生理（ナプキンの交換や後始末の方法など）についても、同じように構造化を通して対応することが可能である。

成功体験を積み重ねながら、自己決定や自己選択のスキルを磨く

TEACCHをはじめ、発達支援は、子どもを「普通」の状態に近づけることが目的ではない。子どもが自分らしく生きられるようにすること、そのための自己決定や自己選択ができるようになることが目的になる。

「こうしたい」という欲求の背景には、「これをやって楽しかった」「褒められた」という成功体験があることが前提になる。成功体験を積み重ねていくことで、自己決定や自己選択ができるようになり、それが自尊感情を高めていく、という好循環が生まれる。

発達障害の子どもは成功から学び、失敗からは学ばない、という格言がある。これは、発達障害ではない定型発達の子どもでも同じだろう。必ず成功する舞台や仕組みの中で成功体験を積ませていくことが重要になる。

障害のある人は、どうしてもメッセージや命令を与えられる側＝受信者の立場に置かれがちである。特に言葉でのコミュニケーションが難しい人にとっては、「選ぶ」「自分で決める」ということが当たり前ではなくなってしまう。受信者としてのスキルだけではなく、発信者としてのスキルを身につけることも必要になる。

例えば、ファッションを楽しむためには、上手にボタンを留めるスキルの獲得だけでなく、自分の着たい衣服を選ぶことのできるスキルの獲得が必要になる。日常生活動作の獲得だけでなく、自己決定や自己選択を行う能力を獲得できるようになれば、それは子どもが自分らしい人生を送っていくために、大いに役立つスキルになる。

性愛に関しても、人前で性器に触らないスキルや、自慰行為をしないスキルの獲得に留まらず、自分の好きな相手と、お互いが楽しめるような関係性を作っていくスキルの獲得が最終的な目的になるだろう。

発達障害児・者の療育に関する方法論としては、これまで紹介した「ABA」と「TEACCH」という二つの手法が代表的であるが、他にも様々な方法論が用いられている。以下、「感覚統合療法」「SST」「家族療法」を紹介する。

感覚統合療法

保護者アンケートの中で、「感覚刺激が不足している時に（人前で性器に触ることが）起こりがちなので、何か出来る遊びや取り組みなどを与えるか、五感に訴える刺激（マッサージや水、見て楽しい玩具など）を入れてもらえるようにお願いしました」（小一男子・ASD／知的障害／重度身体障害）という回答が寄せられた。

人間の感覚には、いわゆる「五感」（視覚、聴覚、嗅覚、味覚、触覚）に加えて、自分の身体の位置や動き、力の入れ具合を感じる「固有受容覚」と、自分の身体の傾きやスピード、回転を感じる「前庭感覚」[*10]が存在する。

人間は、脳によってこれらの感覚を統合（整理・分類）し、無意識に自分の身体をコントロールしている。しかし、発達障害の子どもは、脳に機能不全があるために、この感覚統合をうまく行うことができない。感覚統合がうまくいかないと、感覚の受け取り方に偏りが出てしまい、状況を適切に把握して、それに応じた行動をすることが難しくなる。

自分のボディイメージ＝身体のサイズ感、輪郭、位置感覚、手足の曲げ具合や伸ばし具合、身体の軸の傾き、力加減などをつかむことができず、自傷や他害などの問題につながってしまう。他者とのコミュニケーションがうまく取れず、落ち着きのない振る舞いをしたり、乱暴な動作が目立つようになってしまう。

ボディイメージが不十分であれば、当然ながら自慰行為もうまくできない。自分がどうすれば気持ちよくなるのか、という感覚自体が分からないし、性器を握る強さも分からないので、必要以上に力を入れてしまい、身体を傷つけてしまうこともある。

感覚を統合することで自らのボディイメージを形成し、空間を認知して、必要な情報を取捨選択することができれば、日々の生活や対人関係の中で、着実に成功体験を積むことができる。そうなれば、モチベーションや集中力も高まり、衝動的な言動が減って、自我を発達させることが可能になる。

感覚統合療法では、作業療法士などの専門家が、目的を持った遊びや運動を通して感覚の発達を促し、その場・その時に応じた感覚の調整や注意の向け方ができるようになることを目指す。

感覚の発達を促す遊びや運動の例

- トランポリンやブランコ　⇩　姿勢の改善
- タイヤ渡り、筒の通り抜け　⇩　イメージ通りに身体を動かせるようになる
- うんてい、ボール蹴り　⇩　バランスが良くなる
- 歌に合わせて大縄跳び　⇩　視覚・聴覚と身体の動きが合うようになる

感覚統合を行うことで、感覚への過敏な反応が改善され、姿勢がよくなり、イメージ通りに身体を動かせるようになる。周囲の状況を把握し、それをふまえた行動ができるようになる。近年では、感覚統合療法を取り入れた療育施設も増えている。

SST（ソーシャルスキルトレーニング）

ＳＳＴ（ソーシャルスキルトレーニング：Social Skills Training）とは、対人関係や集団生活を営みやすくするための技能（ソーシャルスキル）を身につける訓練である。社会生活技能訓練と呼ばれている。

他者と人間関係を築くためのコミュニケーションをはじめ、毎日歯を磨く、脱いだ靴を揃える、脱いだ服をたたむ、決まった時間に薬を飲むなど、日常生活を営む上で必要なスキルを身につける訓練を行う。

子どもの特性や情緒面、本人を取り巻く環境などにも配慮しながら、対人関係や集団生活の中でのつまずきを補い、集団の中で、子どもが自分らしく過ごせるように支援することを目的としている。

性愛の領域では、第三章でも紹介した障害のある高校生向けの性教育講座などで、告白の方法やデートのマナーを教える際に、ＳＳＴの方法論に基づいたロールプレイングが活用されることがある。以下、「異性との交際に関心はあるが、どのように誘えばよいか分からないCさん」（高一男子・ＡＳＤ）が「気になっている相手をデートに誘う」というスキルを身につけるまでの流れを見てみよう。

まず、そのスキルが必要な理由と、スキルが身につくとどのような効果・結果があるかについて、支援者がCさんに対して、言葉やイラストカード、絵本などを用いて伝える。

「気になっている相手をデートに誘う」スキルがあれば、相手の同意を得た上で、好きな人と一緒に楽しい時間を過ごす約束をすることができる、ということをCさんに理解してもらう。実際にSSTを始める前には、本人に対して丁寧にアセスメントを行い、いつ・どのような場面で・なぜ困っているのかを把握することが重要になる。

その後、支援者がCさんの前で「気になっている相手をデートに誘う」場面を演じて、適切な振る舞い（きちんと相手の予定を確認し、同意を取るなど）や、不適切な振る舞い（自分の都合を無理矢理相手に押し付けようとするなど）の例を見せて、どうすれば良いか考えてもらう。その後、Cさんが支援者やクラスメイトを相手にして、実際に「気になっている相手をデートに誘う」練習＝ロールプレイングを行う。動画教材や映画、プリントなどを用いて、実際の場面をイメージしやすい形で行うこともある。

トレーニングの場面では、「気になっている相手をデートに誘う」スキルを発揮できるのに、実際に気になっている相手を目の前にした場面ではうまくいかない、ということもある（障害のある人に限った話では全くないが）。そのため、一度学習したスキルを

「般化」＝どのような場面でも、どのような相手に対しても使えるようにしていく必要がある。

SSTを通して、セルフコントロール、他者とのコミュニケーション、金銭や時間管理をはじめとする基本的な生活スキルを身につけることを目指す支援は、特別支援学校や各地の放デイや施設・医療機関、作業所や矯正施設など、様々な場面で行われている。*11

最近では、VR（バーチャルリアリティー）の技術を活用してSSTを行っている事業所もある。現在は主に就労の分野＝面接の練習、職場での挨拶や自己紹介、様々な職業の疑似体験などが中心だが、今後は性や恋愛に関するSSTも、VRを活用して行われる時代になっていくことが予想される。

家族療法

家族療法とは、子どもだけでなく、家族関係に注目するアプローチである。家族を行動やコミュニケーションによって作られる機能として考えた上で、子どもの問題を家族全体の問題の一部として取り扱う。

誰か一人の行動だけを見直すのではなく、家族全員の言動を見直し、その関係性を変えていくことで問題を解決していこうとするのが、家族療法の特徴である。

誰か一人を責めても家族の中で対立関係が生まれるだけなので、まず家族に子どもの特性を理解してもらい、子どもの力を認めて伸ばす方法を全員で考えていく。

どんな人でも、自分が日々共に暮らしている家族の中では、関係性にどのような問題があるのかを客観的に理解することは難しい。機能不全があっても、なかなか気づかない。

家族療法では、夫婦カウンセリング[*12]や保護者向けの相談窓口の紹介、親の会への参加や親子の並行治療などを通して、第三者の視点から、家族の関係性を見直すための助言を行っていく。親が子どもを理解し、子どもへの対処法を学ぶ「ペアレント・トレーニング」という治療法もある。

発達障害のある子どもに対する家族療法が注目される背景には、「親の発達障害」がある。

発達障害には遺伝的な要因も絡んでいるため、発達障害のある子どもの親にも、発達障害の傾向がみられる場合は少なくない。そして、親自身が自らの発達障害を自覚していない場合もある。

性に関する事柄についても、「未婚で子どもを産み育てることが当たり前」「十八歳になったら、水商売や性風俗の仕事で稼ぐのが当たり前」という親の価値観をそのまま子どもが受け入れてしまい、結果として貧困の連鎖につながってしまうこともある。

親自身にも発達障害の傾向がある場合、家族間のコミュニケーションが困難になってしまうため、子ども一人のケアではなく、家族全体を見据えたケアが必要になる。

また、親以外の家族としては、きょうだいに関するトラブルも家族療法の対象になる。発達障害のきょうだいのいる家庭、あるいはきょうだい全員が発達障害という家庭では、「自分の性器を異性のきょうだいに見せたり、触らせたりしている」「きょうだいに対して、性的な行為を強要する」といった問題が起こる場合もある。こうしたトラブルに対しては、本人だけでなく、きょうだいに対するケアも必要になる。

家族全員が子ども（もしくは自分自身やきょうだい）の発達障害の特性を理解し、それに合わせた接し方や環境を調整することで、子どもと家族全員が安心して生活できる環境を作り上げることが、家族療法の目的になる。

投薬治療という選択肢

かつては医師から発達障害のある子どもに対する投薬治療を勧められた場合でも、安易に薬を使用することへの抵抗感などから、拒否する保護者も多かった。

しかし現在では、投薬の効果が科学的に裏付けられてきたこともあり、投薬治療への拒否感は減ってきている。

発達障害の中でも、ＡＤＨＤに関しては、多動性や衝動性の改善に薬が一定の効果を果たすことが知られている。

ＡＤＨＤの治療薬として用いられている薬には、メチルフェニデート（ＡＤＨＤ特有の不注意や多動性、衝動性を抑える働きのある中枢神経刺激剤）やアトモキセチン（集中力を高める働きがある）、グアンファシン（脳内のノルアドレナリンの受容体を刺激して、神経伝達を改善する）などがある。

いずれの薬にも、眠気や食欲不振などの副作用はあるが、服薬によって多動性や衝動性を抑制し、物事に優先順位をつけることができたり、時間を計画的に使えるようになったりといった効果があるとされている。

ＡＤＨＤの子どもには、薬の効果によって「落ち着いている」「冷静になっている」という状態を体感させることができる。そもそも「落ち着いている」という状態を理解することが難しかった場合、「これが落ち着くということなのか」と理解できるようになり、徐々に適切な行動がとれるようになっていく場合もある。

ＡＳＤの場合、強い興奮やパニック状態が続くような時は、症状を抑えるために、非定型抗精神病薬（幻覚妄想を鎮める効果）や抗てんかん薬、抗不安薬（不安による身体症状を鎮める効果）や気分安定薬（イライラを抑える効果）、抗うつ薬（表情を引き締める効果）が使われることもある。

理由が分からない状態で、強い興奮やパニックが続くのは、周囲はもちろん、本人にとっても大きな負担になる。怪我をしてしまうリスクもあるため、投薬によって鎮めるという選択肢がとられることもある。

ただし、薬には問題となる症状を落ち着かせる効果はあるが、発達障害そのものを治療することはできない。効き方にも個人差があり、副作用もあるため、服薬すれば全ての問題が解決する、というわけではない。

また、「自分が障害者であることを認めることが嫌だから」「薬を飲むたびに、自分が障害者であることを自覚させられることが嫌だから」といった理由で、効果が出ているのにもかかわらず、自己判断で服薬を止めてしまう人もいる。

そして発達障害にうつ病や双極性障害などの気分障害が併存している場合、定型的な薬物療法は有効ではないことが多いと言われている。誤診によって薬を処方されたが状況が改善せず、そのまま医療から遠ざかってしまう……というケースは相当数あると思われる。

発達障害のある子どもの療育や支援において、薬はあくまで補助的な手段である。自転車の補助輪のようなもので、あくまで問題解決をサポートする手段の一つとして考えられている。

機能代替アプローチの可能性

ここまで見てきたABA、TEACCH、感覚統合療法、SST、家族療法、投薬治療などのアプローチは「治療教育アプローチ」と呼ばれている。障害のある人が、健常者と同じ方法で目標を達成できない場合に、専門的なケアや治療、トレーニングによってスキルを身につけて、目標の達成を目指すアプローチだ。第三章で取り上げた性教育も、このアプローチの中にカテゴライズされるだろう。

一方で、障害のある人が健常者と同じ方法で目標を達成できない場合には、もう一つのアプローチがある。それは、ＩＣＴを活用して、目標達成を目指すことである。こうしたアプローチは、「機能代替アプローチ」と呼ばれている。

身体障害のために歩くことが難しい人が車いすを使うこと、視力の悪い人がメガネをかけることは、機能代替アプローチの一例である。発達障害の場合、「学習障害で教科書の文字を読むことが困難な人が、タブレットの音声読み上げ機能を使う」などが挙げられる。

治療教育アプローチは、文字通り「治す」と「教える」ことによる問題解決を目指すが、機能代替アプローチは「補う」ことによる問題解決を目指す。

「治す」と「教える」と「補う」、この三つのアプローチを同時に行うことができれば、発達障害のある人の生きづらさを一定の割合で緩和することができる。

ＩＣＴの活用によって、困難と偏見を乗り越える

二〇二一年現在、「バリアフリーアプリ」として、知的障害や発達障害のある子どもが予定などを視覚的に確認できるアプリ、学習障害・識字障害（ディスレクシア）・発達障害など紙の本を読むことに困難を抱える障害者向けの電子書籍を耳で聴くためのアプリなど、様々なアプリが開発されている。[*13]

一九九〇年代以降、インターネットとパソコンの普及が障害者の活動範囲を大幅に広げたように、二〇一〇年代以降はスマホとアプリの普及によって、発達障害児・者の生きづらさがサポートされるようになっている。

二〇一六年に障害者差別解消法が施行され、発達障害などの障害のある人に「合理的配慮」を行うことが法的な義務になった。公立学校においても障害のある児童生徒への差別的取り扱いの禁止と合理的配慮の提供が義務付けられている。

文部科学省によるＧＩＧＡスクール構想の推進によって、全国の学校に一人一台タブレットを渡されるようになり、読み書きに困難を抱えた子どもが、スマホやタブレット

を使って困難を乗り越えていく例が増えている。家庭学習や学校の授業でも、パソコンやタブレットの音声読み上げ機能、ノートアプリ、スマートスピーカーなどの機器が活用されるようになっている。

教科書を読むことに困難を感じている子どもには、ＯＣＲ（光学式の文字認識機能）を使って、紙のプリントをテキストデータにして、音声読み上げをすることができる。

書き取りが苦手な子ども、話を聞きながらメモすることが苦手な子どもは、授業中の板書を撮影して保存したり、録音や音声入力で対応することができる。

集中しすぎて、いつ休んでいいのか分からなくなったり、脱線して今やらなくてもいいことをしてしまう子どもは、タスク管理アプリで今やっていることを常に表示させ、作業時間を確認することもできる。

財布やカギなどの貴重品に忘れ物防止タグ（スマートトラッカー）をつけておけば、声で探すことができる。家の中でカギがどこに行ったのか分からなくなった場合、スマートスピーカーに「カギを鳴らして」とお願いすれば、タグが音を鳴らして場所を教えてくれる。外出先でなくした場合も、落とした場所がスマホ上に地図で表示される。

性に関するトラブルが、生活習慣や対人関係の問題が集積した結果起こるものだとすれば、こうしたＩＣＴの活用によって発達障害のある人の日常生活やコミュニケーションがサポートされるようになることを通して、性に関するトラブルも間接的に解決することができるようになるはずだ。[*14]

第三章でも取り上げたように、治療教育アプローチの一つである性教育は、障害のある子どもの性問題に対する直接的かつ根本的な解決策の一つではあるが、性に対する抵抗感や社会的な偏見もあり、なかなか思うようには広がらない。

一方で、アプリやゲームであれば、抵抗感や偏見といったハードルを軽々とクリアすることができ、かつ爆発的に広がる力を持っている。

テクノロジーの力で性に関する社会課題を解決する、という試みは、フェムテック（テクノロジーを用いて女性特有の健康問題を解決するための製品・サービスの総称）をはじめ、世界各地で盛り上がりを見せている。生理管理アプリやナプキン不要の吸水ショーツなど、障害の有無にかかわらず便利な製品やサービスも次々に生み出されている。

直接的に性の問題を取り上げることが難しい文化や社会情勢の中では、こうしたＩＣＴの中に性教育の要素や理念を織り込むことによって、問題を解決していく、という形が主流になっていくのではないだろうか。

本章では、治療教育アプローチと機能代替アプローチの現状と課題を整理してきた。これら二つのアプローチは、いずれも障害のある子ども本人（及びその家族や支援者）を対象にしている。

一方で、発達障害の定義と範囲＝「何が障害であるか」「誰が障害者であるか」は、社会の在り方によって変動する。そう考えると、発達障害のある子どもの性を支援していくためには、これらのアプローチに加えて、もう一つ、社会に対するアプローチが必要になるはずだ。

毎年四月二日は、国際連合が定めた「世界自閉症啓発デー」である。国内でも、四月二日から八日を発達障害啓発週間として、様々なシンポジウムの開催や、全国各地のランドマークとなる建物を自閉症のシンボルカラーであるブルーでライトアップする活動が行われている。

発達障害に関する啓発活動は、既に様々な形で行われている。性の領域でも、こうした「社会啓発アプローチ」があれば、当事者の苦痛を和らげ、理解者や支援者を増やすことができるはずだ。

すなわち、発達障害のある子どもの性の問題が、どのように社会の中に位置づけられて、どのように私たちの生活にかかわっているのかを示すことができれば、社会の認識を変え、偏見を緩和することができるのではないだろうか。

次章では、発達障害のある子どもの思春期の支援現場から、これからの時代に必要な社会啓発アプローチの内容を考えていきたい。

＊10 前庭機能の過敏さや弱さがあると、よく物にぶつかってケガをしたり、車酔いをしやすかったり、めまいや気分の不調を起こしやすくなったりする。外出先や試験・イベントなどの舞台で体調不良を起こしやすくなることで、自己肯定感の低下を招いたり、社会参加の妨げになることもある。

＊11 SSTのような訓練型のコミュニケーション支援に加えて、TRPG（テーブルトーク・ロールプレイングゲーム）など、余暇活動をベースにした子ども自身の自発性や内的動機を重視するコミュニケーション支援にも注目が集まっている。TRPGの詳細は、『〈自閉症学〉のすすめ』（二〇一九年・ミネルヴァ書房）の「TRPGを用いた自閉スペクトラム症児へのコミュニケーション支援」（加藤浩平　283〜288ページ）を参照。

＊12 夫婦カウンセリングを希望する場合、発達障害を扱っている精神科や心療内科に相談する形になる。児童精神科や発達障害専門のクリニックに、子どもの療育の延長として、夫婦関係につ

いてアドバイスしてもらうという方法もある。まずは一人でカウンセリングを受け、その後に夫婦二人でカウンセリングを受ける、ということも可能である。

＊13　LD（学習障害）の人に役立つアプリが領域別に配置されている一覧表「ディスレクシアホイール」は、以下のページから閲覧可能。

平林ルミのテクノロジーノート　日本版ディスレクシアホイール（Dyslexia Wheel Japanese version）https://rumihirabayashi.com/dyslexiawheeljapanese/

＊14　ICTの活用も含めて、発達障害の当事者が、自らが生きやすくなるために編み出した知恵や工夫は「発達ハック」と呼ばれている。『「発達障害かも？」という人のための「生きづらさ」解消ライフハック』（姫野桂　二〇二〇年・ディスカヴァー・トゥエンティワン）では、「タスクは付箋に書いて管理」「朝起きる時は、音の出る目覚まし時計ではなく、光目覚ましを使う」「（部屋を片付ける際は）いくつか空き箱を用意して、（とりあえず）中に放り込む」など、日常の生きづらさを解消するための具体的な「発達ハック」が多数紹介されている。

第五章

「思春期の嵐」を乗り越えるために

思春期における二次障害の発生を防ぐ

心と身体が大きく変化する思春期は、定型発達の子どもにとっても大変な時期になることが多い。対人関係の悩みや身体的なコンプレックス、「自分は何者なのか」「何のために生きているのか」というアイデンティティの問題にぶつかり、辛い思いをした記憶のある読者も多いだろう。

対人関係に困難を抱える発達障害のある子どもにとって、思春期はさらに辛い時期になる可能性が高い。うつ状態や不眠、ひきこもりや不登校といった二次障害も、この時期に起こりやすい傾向がある。

思春期は、精神的・社会的に孤立しがちな時期である一方、成人期に向けて、他者や社会とのつながりを築き、ひいては自分自身のアイデンティティを確立していく時期でもある。

発達障害のある子どもにとって、二次障害を防ぐ上でも、そして本人が社会の中で自立して生活していくための準備を整える上でも、思春期における支援は極めて重要だと言える。

そうした中で、発達障害のある女子は、対人関係の能力が比較的高かったり、多動や衝動性といった外在的な問題が少ない傾向もあって、男子に比べて問題行動が目立たないことがある。

行動上の問題が少ないために、本人の抱えている悩みが周囲から気づかれずに、支援や治療が遅れてしまうケースも生じている。

また、性被害に巻き込まれてしまうリスクも生じる。二〇一六年、厚生労働省は全国の児童相談所に対して、二〇一五年四月から九月までに対応した児童買春・児童ポルノの被害状況を訊ねる調査を行った[*15]。

本調査によると、被害者二六六人のうち九割超が女子で、約八割は中高生の年齢に当たる十三〜十八歳。そして被害者の約三分の一に知的障害や発達障害などの障害があった。問題の見えづらさが、深刻な被害を招いてしまうケースもある。

誰もがぶつかる思春期の悩みという文脈の中で、発達障害の中でも見えづらい位置にある女子の発達障害に焦点を当てることで、発達障害のある子どもの性の問題を、「他人事」ではなく「自分事」、ひいては社会全体の問題として捉えていくことができるはずだ。そこから、障害のある子どもの性に関するトラブルを解決するための社会啓発アプローチのあるべき姿が見えてくるに違いない。

こうした視点から、本章では、「思春期の発達障害のある女子に対する支援」に着目する。彼女たちに必要な支援の在り方、そして、彼女たちの生きづらさを少しでも緩和するために、私たちの社会に求められることについて、編著『発達障害のある女の子・女性の支援』（二〇一九年・金子書房）を刊行されている、発達障害のある女の子・女性の支援に詳しい岐阜大学医学教育開発研究センターの川上ちひろさんにお話を伺った。

「からだ」の視点から必要なサポートとは

発達障害のある女子は、自分の身体に起こっていることを「感じられない」のではなく、「認知と結びつけられない」こともあるのでは、と川上さんは述べる。

川上「例えば月経に関して、『月経が始まると出血する』ということは知識としては分かっているけれども、実際に自分の身体から出血があった時に、それが月経だと気づかないことがある。『これが月経なんだよ』と教えてもらえれば分かるのですが、目の前で起こっている事象と認知が結びつかない人もいます。

他にも、思春期になって『胸が膨らんできた』ということは理解できても、『だからブラジャーをつけなければならない』ということに結びつかないケースもあります。二次性徴に伴う身体的変化は理解できても、それが『生理用品の使用』『下着の着用』『異性との距離をとる』ことにつながらないのであれば、身体の変化と認知を結びつけるためのサポートが必要になります」

二次性徴に伴う身体の変化を適切な認知と行動に結びつけることは、発達障害のある女子の思春期において必要不可欠な支援だろう。一方で、適切な認知につなげることで、逆に問題が起こってしまう場合もあるという。

川上「以前経験したケースですが、親から性虐待と思われることをされていた子で、自分が受けていることが性虐待だと気づかないこともありました。『それはダメなことなんだよ』『親だからといって、そうしたことをするのは許されないんだよ』『あなたは被害者なんだよ』と言われたら、それらが正しい認知であっても、おそらくその子は落ち込んでしまう。

もちろん、虐待は決して許されないことなので、すぐにでも止めなければいけないし、いつかは本人も自分が受けてきた体験の意味を知ることになると思うのですが、これまでの経験と認知が結びついた時、相当な落ち込みが起こると思います。

事象と認知の結びつきを作るためのサポートは必要ですが、性虐待のようなネガティブな事象の場合、伝え方が非常に難しいです。根が深すぎて、正解も分からない。虐待は家庭内で起こっていることなので、子どもだけでなく、親を含めての支援が必要になります」

また身体の問題としては、過緊張や感覚過敏も挙げられる。男性と接している時、過緊張が原因で身体を動かせなくなったり、声を出せなくなっているだけなのに、男性側には「この子は、自分のことを受け入れてくれている」と勘違いされてしまうこともあるという。

川上「声を出したり、騒げば相手は手を出せないでしょうが、何も言えない・動けないことによって、『同意している』とみなされてしまい、望まない行為をされてしまうこともあります。

支援の現場においても、声を出さない子どもや、『うん』しか言えずにその場で固まってしまう子どもは、周囲から『特に困っていないのだろう』とみなされてしまい、本人が問題を抱えていても気づかれにくい傾向があります。

感覚過敏については、感覚が過敏すぎる問題と鈍感すぎる問題の二つがありますが、どちらかというと、感覚が鈍い方が問題化されづらいでしょう。周りからも気づかれづらく、本人自身も気がつかないことがあるかもしれません。

過緊張の問題でも、身体が緊張で動かないにもかかわらず、本人はそもそも自分が緊張していることを認識していないケースもあります。色々な『分からなさ』がいくつも重なってしまい、本人も自分が何を感じているのか・いないのか、よく分からなくなってしまいます」

発達障害のある人の中には、身体の過緊張を含めて、自然に身体の力を抜くことが難しかったり、姿勢保持のための身体の使い方が分からないことがある、という人もいる。通常の生活をしているだけで、いつのまにかものすごく疲れてしまう……ということになりがちだ。

感覚面や運動面の問題は、周囲から見えづらく、本人からの訴えも少ないため、発達障害のある人の支援の中でも注目されることが少なかったが、問題行動の背景に、感覚処理障害による身体感覚の不全感、心身の疲労状態が関係している場合もある。

自分の身体を自分でコントロールできなければ、自分の身体を好きになること＝自分の身体に対して肯定的なイメージを持つことは難しいだろう。

過緊張のある人には、緊張を自分の力で緩めることができるようになるために、動作療法を受けるなど、自分自身で疲れやすさをマネジメントするスキルを獲得することが必要になる。

治療や訓練を通して自分の身体をコントロールできるようになれば、自分の身体を尊重しようという意識も得られる。そこから他人の身体を尊重する意識も得られるはずだ。

発達障害と偏食・摂食障害の関係

思春期の女子には、過度のダイエットや、それに伴う摂食障害の問題が起こりやすい。発達障害のある女子の場合、そこに障害特性が絡んでくるため、問題はさらに複雑になる。

川上「発達障害のある女の子の中には、例えばテレビ番組で『この食品には、身体によくないものが入っている』という情報を見て、その食品を一切口にしなくなったり、ダイエットのために必死で運動を繰り返すようになることがあります。

こうした強いこだわりや、口に合わないものは食べられないという感覚過敏が、偏食や摂食障害につながるケースがあります。食生活の偏りが限度を超えると、無月経などの問題が起こることもあります。思春期に十分な栄養を取らないと、将来の身体づくりに悪影響が出てしまいます。

月経不順、ＰＭＳ（月経前症候群）、ＰＭＤＤ（月経前不快気分障害）については、女性であれば、程度の差はあっても、誰でも起こる可能性があることです。ＡＳＤのある女性は、月経の時期は感覚過敏が強くなったり、感情の起伏が激しくなる傾向があると言われていますが、彼女たちが持つ感覚の特性によるものかもしれません。特に『発達障害だから』月経のトラブルが多いということではないと思われます。

月経不順などに対しては、まず基礎体温表をつけて、月経時の様子、起床時の体温、心身の様子などを記録したものがあれば、医師の診断の際に参考になるでしょう。

発達障害のある女子の月経に関して問題になるのは、セルフコントロールがうまくできない、という点です。月経が来そうだなと思った時、多くの女性は、無理なスケジュールで勉強や仕事をせずに、夜更かしをしない、刺激物を食べないといった対応を取ることができます。

しかし、発達障害がある場合は、そうしたセルフコントロールやセルフモニタリングがうまくできないことがあります。身体の変化や不調を感じることができず、結果的に、心身により大きなストレスやダメージを受けてしまうことが考えられます」

日々の食事や月経など、日常生活での出来事が、「自己管理がうまくできない」という理由で、生きづらさを引き起こす原因になってしまう。そうした原因が多重化することによって、本人の生きづらさが深刻化してしまう。

発達障害のある人の支援に関しては、周囲の環境に適応するためのコミュニケーション技法＝ソーシャルスキルの獲得に力点が置かれている一方で、身体とのコミュニケーションは置き去りにされがちである。

社会とのコミュニケーションも大切だが、自分自身の身体とのコミュニケーションができていない状況では、ソーシャルスキルの獲得もうまくいかないだろう。自分の身体の管理よりも、ソーシャルスキルの獲得の方が優先されてしまっては、本末転倒である。

自分の身体の状態をうまく把握できず、自己管理ができずに苦しんでいる当事者に対しては、どのようなアプローチが有効になるのだろうか。

川上「発達障害の支援に関しては、『できないことをできるようにする』という問題解決志向のアプローチが多いので、どうしても『できないこと』の方ばかりに目が向いてしまう傾向があります。そのため、まずは視点を変えることが大事かなと思います。自分ががんばりすぎているのか、それともがんばりが足りないのか、自覚することは難しいかもしれません。身体の感覚は本人にしか分からない。周囲の違いがあることにも、なかなか気づきづらい。

発達障害のある子どもの中には、つい周りが『もっとがんばれ』と言いたくなるような、モチベーションの低いように見える子も多いです。一方で、必要以上にがんばりすぎてしまう子もいます。がんばりすぎない方法は、誰からも教えてもらえません。

感覚の障害や精神的な不安定さがあると、身体に注意が向きづらくなります。結果として、身体の疲労が限界を超えていても、それに気づかずに活動を続けてしまい、動けなくなってしまうこともあります。

そのため、理想的には、当事者の集まる小さなグループなどに参加して、『みんなこんな感じだよ』『これくらいできていればいいから』『ほどほどでいいんだよ』といったように、がんばり方のリアルな基準を話しあって共有できるような場があると良いと思います。『がんばりすぎない』というのも、重要なソーシャルスキルの一つだと考えます。

保護者や教師は、どうしても『もっとがんばれ』『これくらいはできないとダメ』『一

○○点取らないとダメ』と言ってしまいがちですが、では自分が子どもの頃はきちんとできていたのか、毎回一〇〇点を取れていたのか、と振り返ると、そうでもなかったことに気づくはずです。

子どもに対する期待度が高いのは良いことですが、『テストで一〇〇点取れないと人間失格』と思い込むのではなく、まずは取れた点から、今できていることから、褒めていくことが必要です」

「こころ」の視点から必要なサポートとは

発達障害のある人は、自分の身体の状態に加えて、心の状態をうまく把握・管理することができない傾向がある。自分の心の状態を理解できていなければ、当然だが他者とのコミュニケーションはうまく取れない。社会生活が困難になり、自己評価も下がってしまう。そうしたことが積み重なった結果、二次障害としてうつ病や双極性障害、社交不安障害などを発症し、メンタルの調子を崩してしまう人も多い。

自己評価が低くなった人は、視覚的に捉えやすい「外見」と「文字」を通して、自己の評価を高めようとする傾向がある。

「外見」に関しては、「自己の評価は容姿で決まる」「容姿さえ変えれば、周囲から評価してもらえるはず」と思い込んでしまい、過度の整形願望に囚われてしまったり、無理なダイエットや偏食を続けて摂食障害になってしまう女性もいる。

「文字」に関しては、「ネット上に文字で書かれていることが自分の評価の全て」だと思い込んでしまい、見なくてもいい自分の悪口を検索（エゴサーチ）してしまったり、ネット上に書かれている言葉や、ＳＮＳで他人から投げられた言葉をそのまま受け取ってトラブルになってしまうこともある。

　発達障害のある人にとって、視覚的に捉えやすい動画・画像・文字情報を中心に構成されているネットの世界は、天国にも地獄にもなりうる。アバターの外見を自由に変えることができ、時間とお金を費やせば必ず結果が出る（＝自己評価が確実に上がる）オンラインゲームに没頭してしまう人もいる。


川上「発達障害のある子どもが、過集中によってゲームを長時間行ってしまうということはよく聞きます。今の子どもたちは、生まれた時からインターネットやスマートフォンがある世代なので、どちらも空気のような存在になっています。

発達障害の子どもには文脈が読みづらいという特性があるので、ネットの陰に潜んでいる悪意かもしれないものにも気づきにくい。また、『ここで課金してしまったら、たくさんお金がかかってしまう』など、先の結果が読みづらいことがうまく理解できないこともあります。言葉をそのまま受け取ってしまう。比喩表現や誇張表現、暗黙の了解事項を理解できないため、SNSでのトラブルにも巻き込まれがちです」

SNS上で激しい論争を繰り広げている人たちの中には、ADHDやASD傾向のあることをアカウントのプロフィールで公言していることが少なくない。投稿の文脈が切り取られる傾向の強いSNSに、文脈をそもそも読めない発達障害の人たちが参加して論争を繰り返すと、生産的な議論は一切成立せず、罵倒合戦や誹謗中傷の応酬になってしまいがちだ。

結果的に、タイムラインは、それを閲覧している人全員の怒りと悪意を増幅するだけの情報空間になる。ネット上での議論の勝敗が自己評価と結びついてしまっているので、ネガティブな投稿をすること、閲覧することがやめられず、延々とのめりこんでしまう……という悪循環に陥ってしまう。

重要なのは「グッズではカバーできない部分の支援」

こうした「オンラインとの相性が良すぎて問題が発生してしまう」状況に対して、川上さんはセルフマネジメントのスキルを養っていくことの重要性を感じている。

川上「新型コロナウイルス感染症の影響で学校がオンライン授業になって、対面で人に会う機会がかなり減ったため、対人関係が苦手な発達障害のある大学生からは『精神的に楽になった』という声も聞こえています。

しかし、自宅で自律的な学習ができない場合、一人で何もできないまま、グダグダの状態になってしまいます。逆に、学習のペースがうまくつかめずに、深夜まで勉強をやりこんでしまったり……ということがあるとも聞きます。

ＩＣＴの活用は確かに重要ですが、パソコンやタブレットの操作が得意になったとしても、それに付随する自己学習や自己調整ができないと、自宅で一人で学習を進めることは難しいでしょう。ＩＣＴを活用するスキルだけではなく、そうしたセルフマネジメントのスキルを養っていかないと、オンライン授業が広がってきた時に対応が難しくなるでしょう。

音に対する過敏はノイズキャンセリングのイヤホンなどのグッズを使えばなんとかなりますが、自己管理や自己調整に関しては、それ自体をカバーできるグッズはありません。日常生活のスケジュールの組み立てや、グッズの使い方を含め、支援者がカバーしていく必要があります。オンライン授業に慣れた発達障害のある子が、再び対面授業に戻る時の支援も必要になるでしょう」

いくらオンライン授業で人に会わなくて済むとしても、誰かに助けを求めるというスキルは重要である、と川上さんは述べる。

川上「スマホやゲームだけが問題ではありません。『子どもがゲームの時間を守れない』『指示をしても言うことを聞かない』という声はよく聞きますが、ゲーム以外の場面でも、ルールや約束を守れているか、親の指示がきちんと子どもに伝わっているか、ということを確認すると、意外とできていないことが多いと聞きます。『ご飯を食べた後に食器を片付ける』などのルールが守れない状態で、ゲームやネット、スマホのルールだけを守らせるのは無理でしょう。他の生活の場面でも、指示によって行動できるか、ルールが守れるかどうかが大切になります。

そう考えると、幼い頃からルールを守ることを前提にして、思春期に入る前から親子関係を作っておくことが重要です。性の話も、思春期に入ってからいきなり親が子どもに伝えるのはハードルが高いのではないでしょうか。息子と性の話ができずに困ったお母さんが『お父さん何とかしてよ』と言って父親を引っ張り出してきても、それまで父親と子どもの間で、あるいは夫婦で性に関する会話をしたことがなければ、急にはうまくいかないですよね。

幼い年齢であっても、人と接する時の距離感の話や、トイレの使い方などの話はできるはずです。幼少期からの関係性の積み重ねが、思春期のサポートに活きてくると思います」

思春期の問題は、思春期になってから起こるのではなく、幼児期から存在している問題が成長とともに複雑に絡みあって、思春期になって顕在化することが多い。

そう考えると、幼少期からの支援や関係を積み重ねることの重要性が改めて浮かび上がってくる。生活の問題は積み重ねであり、特効薬はない。

規則正しい生活と食生活を送ること。身だしなみを整えること。身体を清潔に保つこと。整理整頓の習慣を学ぶこと。対人コミュニケーションの作法を身につけること。

こうした基本的な生活習慣を整えることが、発達障害のある女子の思春期におけるトラブル、ひいては二次障害の発生を防ぐことにつながるのであれば、まず必要なのは「一緒に生活している人たちが、本人の生活を整えるためのサポートをしていくこと」になる。

「関係性」の視点から必要なサポートとは

障害の有無を問わず、今の社会には、「子どもが対人関係に関する作法や知識を教わる場所がない」という問題がある。

対人関係のスキルについては、定型発達の子どもの場合、具体的なカリキュラムによって教えられなくても、家庭や学校での人間関係を通して、自然に学んでいくことが多い。一方で、発達障害のある子どもは、そのように「自然に学ぶ」ことが難しい。対人関係に難しさがある一方で、対人関係に関する作法や知識を教わる場所がない、という悪循環の中に置かれている。

中には他人とうまく関わる方法を知らずに、無意識に問題行動をして相手の気を引こうとすることもある。

川上「子どもが対人関係に関する作法や知識を教わる場所は、そもそもないのが普通ですよね。ないのであれば、作るとよいのではないか。またNPOや特別支援学校で意識して教えることも検討していただきたいです。

それに加えて大切なことは、周りの人が、『人間関係に関するルールやマナーは、教えなければ身につかない』『だからこそ、きちんと教えないといけない』という意識を持つことです。

大人にとっては、人の気持ちを考えて行動することは当たり前ですが、障害特性があると、相手の気持ちが分かりづらい。してはいけないことも、その都度教えてもらわないと分からないこともある。

きちんと教えられていないことについて、大人から『なぜできないの？』『どうしてわからないの？』と叱られることは、子どもにとっては非常に理不尽な経験になってしまいます。そのため、障害特性に応じた関わり方も含めて、本人と一緒に考えていく必要があります」

日常生活の中で起こっている問題は、日常生活の中で解決していく

川上さんの元には、発達障害のある子どもの性に関するルールやマナーについて、「どこで教えてもらえますか？」という質問が届くことが多いという。

川上「発達障害と性の問題については、専門の相談窓口が各地にあるわけではないし、地域の発達障害者支援センターに相談しても、限られた時間内での相談にしかならないと思います。専門家に相談するにしても、本人を直接見ていない、普段の生活の様子を見たことのない状態では、満足のいく回答は返ってこないでしょう。

結局、人間関係や性のことについては、日常生活の中で起こっている問題なので、子どもと一緒に日常を過ごしている親や教員が教えるのがよいでしょう。普段の生活の延長線上で起こっている問題であれば、普段の生活に関わっている人がサポートするのが適切だと考えます。日常生活の中で起こっている問題は、日常生活の中で解決していくことが一番だと思います」

障害の有無にかかわらず、人間関係や性に関する作法や知識は、「ひとりでには」身につかない。放っておけば勝手に正しい知識を覚える、ということはない。そして「ひとりでは」身につかない。必ず相手が必要になる。

発達障害の子どもにとって、失敗体験を通して自力で学ばせる、ということは、うまくいかないこともある。発達障害のある子どもの多くは、失敗体験ではなく、成功体験から学んでいくように仕組むのがいいかもしれない。だとすれば、意識的に・集団の中で・成功体験を積ませる形の支援を行っていく必要があるだろう。

川上「性に関するルールやマナーについては、『子どもに教えるにあたって、特別な方法があるのでしょうか？』と聞かれることも多いです。でも、特別な方法があるわけではないと思います。

性については、皆自分も体験していることであるにもかかわらず、『私には分かりません』『教えられません』となってしまう。確かに、恥ずかしさもあって語りづらい領域ですが、誰もが興味・関心がありますし、誰にとっても関係する領域です。あからさまに自分の体験を語る必要はないけれども、マナーについてはきちんと教えることを意識すること。そういう形にしていかないといけないと思います」

発達障害のある女子の恋愛とセックス

対人関係に関するスキルの欠如は、恋愛の場面においても問題になることがある。発達障害のある女子の場合、「同性、異性、関係の近さや遠さなどで、付き合い方や距離感を変える」ということを理解しづらい傾向がある。

そもそも「恥ずかしい」という感情が備わっていないように見えることもある。人前で平気で着替えたり、下着が見えていても気にしない。大股開きで座る。必要以上に異性に近づく。いきなり身体に触る。相手に対して熱烈な関心を持つが、長続きせず、すぐに興味を失う。

こうした振る舞いによって、同性から敬遠されたり、異性から誤解されてしまうこともある。そうした経験が積み重なって、劣等感やトラウマになってしまうこともあるかもしれない。

恋愛の失敗を繰り返すうちに自信を失ってしまい、悪い意味で自信に溢れた相手＝自己主張が強く、強引にリードしてくる男性と付きあうようになり、そこからDV被害などのトラブルに発展してしまうこともある。

発達障害のある女性は、相手の気持ちを推し量ったり、表情や態度から言葉の裏にある気持ちを見抜くことが苦手である。そのため、相手の言葉をそのまま受け取ってしまったり、身体だけの関係に持ち込まれてしまうこともある。そもそもセックス自体の意味、そして交際関係にない男性がセックスを求めてくることの意味を理解できず、会話や食事と同じようなレベルで、気軽にセックスに応じてしまい、望まない妊娠の原因になってしまうこともあるかもしれない。

発達障害のある女性に、人間関係と性に関するトラブルが起こりがちなのは、私たちの社会に、生きていく上で最も重要なそれらの作法と知識を学ぶ場がない、ということの反映でもある。

当事者同士で自分の気持ちを話せるコミュニティの必要性

こうした状況の中で、当事者同士のコミュニティが重要な役割を果たす、と川上さんは考えている。

川上「本人にとっての居場所や心理的な活動拠点になるような、当事者同士で自分の気持ちを話せるコミュニティは必要だと思います。学校や職場での振る舞い方やスキルを学ぶ場だけではなく、同じ立場の仲間が集って、自分らしく振る舞っても誰からも小言を言われない自由な場、リセットとリラックスのできる場があればよいと思います。

はっきりとしたプログラムがあるよりも、みんなでおしゃべりをする、好きな料理を作るといった、ふわっとした活動の方がよい子もいます。そもそもストレスや疲れを感じられない子もいたり、ストレスの解消のための活動で余計に疲れてしまう子もいるので。親子を含めて相談できるような場があってもよいと思います」

一方で、当事者の集うコミュニティの運営は難しく、労力もかかる、と川上さんは語る。同じ診断名の当事者であっても、それぞれの置かれている状況や立場、障害特性には大きな個人差があり、統合失調症やパーソナリティ障害など、併存している疾病や二次障害の内容も異なる。[*16]『同じ当事者だから』という理由だけで集まったとしても、お互いにうまく話が合わなかったり、逆にトラブルにつながってしまうこともある。[*17]

当事者コミュニティに集まる人の中には、大人になってから発達障害の診断を受けた人＝中途診断者も多い。うつ病などの精神疾患で入院した際に、発達障害の診断を受けた人もいる。

こうした中途診断者の中には、複数の二次障害を抱えているケースも多い。独自に編み出したソーシャルスキルで、自分の障害特性をカバーしながら人間関係を構築している人もいる一方で、他の参加者に対する攻撃や虚言を繰り返し、コミュニティ自体に危機をもたらすトラブルメイカーになってしまう人もいる。

困難が多重化している中途診断者には、コミュニティを通した当事者同士の支え合い

＝ピアサポートもなかなか効かない。

川上「発達障害のある女の子の中でも、知的能力の高い子は自分で行動できるので、当事者同士のコミュニティに参加するよりも、スマホを使ってどんどん男性とつながって、自ら出会いを作っていくタイプの子もいます。

立場や属性の異なる当事者をまとめてコミュニティを作ることはかなり難しいので、似たようなタイプの子のグループでコミュニティを作って、それを支援者が見守っていく、という形がよいのかもしれません」

同じ問題で悩んでいる当事者同士での交流を通して、人間関係に関する作法や、がんばりすぎない基準を身につけることができれば、「こうしなければならない」という思い込みを相対化することができる。自分の悩みがみんなの悩みでもあることに気づけば、「自分は一人じゃない」と感じることもできるはずだ。

川上「知り合いの女性に、女性利用者をメインにした就労継続支援B型事業所を作った人がいます。まずは、発達障害のある女子・女性が集まれる場、通える場を作っていくことが必要だと思います。発達障害や精神疾患があっても、社会で活躍できる場所を増やしていく。

そうした場所がなければ、ずっと家で過ごすだけになってしまう。家で抱え込めるうちはよいけど、親も年を取ります。いつまでも家に居続けることはできません。少しの時間であっても、出かけられる場所が必要です」

「女性らしさ」から「自分らしさ」へ

発達障害の女性にとって、生きづらさの要因の一つとなっているのは、「女性はこうあるべき」という社会規範との摩擦だ。女性に対して、公私を問わず、様々な場面で、服装や立ち振る舞いなどについて、一面的な「女性らしさ」が求められることは、まだまだ多い。

また「その場の空気を読んで、人間関係を維持するためにうまく立ち回る」「一歩下がって周囲の人を支える」という役割は、日本の社会では男性よりも女性に求められる傾向があるが、対人関係の苦手なＡＳＤのある女性にとって、そうした役割を一方的に担わされることは、大きな苦痛を伴う。「女性は控えめでおしとやかであるべき」「片付けや家事が得意であるべき」という規範も、ＡＤＨＤの特性とは水と油である。片付けや家事全般が苦手なＡＤＨＤのある女性は非常に多い。

発達障害のある女性が、周囲や社会の求める「女性らしさ」に振り回されず、「自分らしさ」を育むためには、どのような支援が必要になるだろうか。

川上「本人が『自分のままでいいんだ』と思えれば、それでいい。男の子っぽい服装をしていても、周りが『それでいいよ』と言ってくれれば、問題ないはずです。

母親を含めて、『スカートをはいた方がいいんじゃないの』『髪の毛をちょっと伸ばしてみたら』など、周りが本人にとって余計なことを言わなければ、それで本人たちは幸せなのではないでしょうか。化粧品の匂いや触感が苦手でメイクが不得意な女性もいますが、『女性だから』という理由だけで、無理にメイクをしなくてもいいと思います。

身だしなみやファッションで最低限守るべきは、清潔を保つことだと思います。髪の毛を何日も洗っていないのはダメでしょうが、洗っていれば、長くても短くてもＯＫ。

服も、きれいに洗っていれば、スカートでもパンツでもOK。周囲に不快感を与えなければ大丈夫、という形で周囲が認識していけばよいと思います」

発達障害のある人を支援する側が、本人に一定の価値観を押し付けてしまう背景には、支援者自身も「自分らしく」生きることができていない、という隠れた問題があるのではないだろうか。自分の性についてきちんと考えたことがなかったり、自分の身体の声を聞けていなかったり、疲れを意識できなかったり……。

特に発達障害のある子どものいる母親は、日々の育児の大変さに追われて、自分らしく生きる余裕がない、心身が疲れきっていること自体に気づかない、といった状況に陥りがちである。

前述の通り、発達障害のある人は、知識と行動がつながっていない場合がある。「相手の気持ちを考えて行動しよう」という知識は持っているが、「相手の気持ちを考えた行動」ができない。「相手の気持ちを考えた行動」が具体的にどのような行動なのか、きちんと明文化・視覚化されていないと、理解することが難しい。

発達障害のある人の性を社会的に支援していく際には、「相手の気持ちを考えた行動」をはじめ、私たちが「なんとなくそういうものだろう」「いちいち言わなくても分かるだろう」と曖昧に捉えていた常識を、一つ一つ丁寧に言語化し直していく必要がある。こうした「再言語化」の作業は、私たち自身の常識や生き方を問い直すことにもつながるだろう。

そう考えると、発達障害のある人の性の問題は、私たち自身の問題と完全に地続きであることが浮かび上がってくる。

川上「発達障害の問題は、本人だけでなく、家庭や学校、地域、社会が関わっています。その中のどれか一つをいじれば問題が解決する……ということはありません。本人の教育だけでなく、本人を取り巻く環境や社会自体を変えていく必要があります」

「相談する習慣」を標準装備にする

発達障害のある人の性の問題を解決するためには、社会自体を変えていく必要がある。「社会を変える」というと、何やら大げさな話に聞こえるが、その実態は、これまで本書で取り上げてきたような、一つ一つのソーシャルスキルの積み重ねである。

ソーシャルスキルの積み重ね＝日常生活における本人の行動を変えること、周囲の行動を変えること、環境を変えること、学校や職場を変えることが、ひいては社会を変えること＝ソーシャルアクションへとつながる。

ソーシャルスキルを身につけるためには、まず本人が「困っていること」を自覚すること、あるいは周囲の親や支援者が「本人が困っていること」に気づく必要がある。これまでも繰り返し述べてきた通り、発達障害のある人は、自分が困っていることを自覚できない傾向がある。そして周囲の人も、本人が困っていることに気づかない場合が多い。

そう考えると、ソーシャルスキルを身につける上での前提になるのは、「相談する習慣」を身につけることである。

相談する習慣があれば、本人も自覚していない問題を、周囲の人が気づき、適切なアドバイスや対処をすることができる。自分を客観的に見ることが難しい発達障害のある人にとって、第三者の立場から自分の状況を確認してもらえることは、生きづらさを緩和する上で、非常に大きな支えになる。困った時に、誰かに相談する習慣があるか否かが、文字通り生死を分ける問題になる場合もある。

相談は「人に声をかける⇩自分が困っていることを伝える⇩解決方法を聞く」という一定の型があるため、発達障害のある人でも身につけやすい。日常会話や雑談には一定の型が存在せず、目的も曖昧であり、話の内容を臨機応変に調整する必要があるため、実は難易度はかなり高い。

定型発達の人にとっては、雑談よりも、自分の悩みを他人に打ち明けて助けを求める相談の方が難しいことが多いが、発達障害の人にとっては、雑談よりも相談の方がハードルが低いことが多い。

序章で紹介したように、「風テラス」でも、知的障害や発達障害の女性から数多く相談が寄せられる。彼女たちは様々な困難を抱えているが、「相談する」という習慣はきちんと身につけている。うつでベッドから起きられなくても、スカウトやホストに騙されても、性暴力被害に遭っても、勇気を出して、残り少ない体力や気力を振り絞って、相談してくれる。

もちろん、相談したからと言って、全ての問題が解決するわけではない。しかし、現在感じている辛さを減らすことはできる。障害特性があっても、協調や社交に関するスキルを身につけることは難しくても、「相談する」という習慣は、誰でも習得可能なのだ。

「困った時に誰かに相談する」という習慣を身につけておけば、トラブルに直面した場合でも、他人の力を借りて乗り切ることができる。立ち直ることもできる。問題の解決方法を学び、そこから成功体験を積み、成長することができる。「困った時は相談すればいい」という安心感から、自信が生まれる。相談相手がいることが、心理的なホームベースになる。

自分から相談相手を探せるようになれば、自分のやりたいことも見つけやすくなる。やりたいことが見つかれば、それが社会との接点になる。社交性や協調性がなくても、「相談する力」があれば、社会性は十分に発揮できる。

「相談される力」を標準装備にする

「相談する力」さえあれば、発達障害のある人は社会につながることができる。そう考えると、親や支援者の側に求められることは、「相談される力」を習得・発揮することだ。

「相談される力」を習得するためには、本章で川上さんも述べていた通り、幼少期から子どもとの関係性を積み重ねていくしかない。生活の問題は積み重ねであり、特効薬はない。

第三章で伊藤さんが述べていた通り、性に関する問題については、子どもにとって相談しやすい人、相談しづらい人が明確に分かれる。普段から子どもと性について全く会話をしなかったり、そもそも性に関する話題を避けるような雰囲気が家庭内にある場合、「相談される力」を発揮することは難しいだろう。

そう考えると、障害のある子どもの性に関するトラブルを解決するための社会啓発アプローチとして必要なことは、障害の有無や、当事者との接点の有無を問わず、この社会で暮らす人全員の「相談する力」と「相談される力」を向上させていくことではないだろうか。

発達障害のように、見えづらく、分かりづらい問題に対処するためには、問題の線引きや対象者の定義に拘泥し続けるのは得策ではないだろう。「何が原因なのか」「誰が問題なのか」を議論しているうちに、生きづらさを抱えた人たち、二次障害で苦しむ人たちはどんどん増えてしまう。全ての人の「相談する力」と「相談される力」を向上させていくアプローチであれば、見えづらく、分かりにくい問題に対しても、一定の範囲で歯止めをかけることができる。

「相談する力」と「相談される力」を持った人が増えていけば、思春期における二次障害の発生を、一定の割合で未然に防ぐことができるようになるはずだ。正解のない性の問題に対しても、その人なりの結論を出すことはできるようになる。

そこから、発達障害のある人たちが社会とつながるため、そして、私たちの社会を、発達障害のある人たちが生きやすい社会へと変えていくためのきっかけを生み出すことができるはずだ。

＊15 厚生労働省 平成27年度子ども・子育て支援推進調査研究事業「児童相談所における児童買春、児童ポルノ被害児童への対応状況に関する研究」報告書（二〇一六年三月「児童相談所における児童買春・児童ポルノ被害児童への対応状況に関する調査研究事業研究会」編）

＊16 アメリカの調査では、ＡＤＨＤの15・2％にアルコール依存や薬物依存など、何らかの物質依存があると報告されている。同じく海外の調査で、医療機関を受診するギャンブル依存症のうち、25％がＡＤＨＤであったという研究もある。

こうした場合、一つの自助グループだけでは解決できないため、発達障害と依存症、双方の自助グループに参加して治療を行っていくことになる。発達障害の当事者コミュニティの運営が困難になる理由の一つには、単一の自助グループだけでは対処できない困難を抱えた人が少なくない、という背景もあるのだろう。

＊17『女性のための発達障害の基礎知識』（二〇二〇年・河出書房新社）の著者である医師の宮尾益知氏は、「思春期におけるＡＳＤの女性の困難は、いわゆるガールズトークがうまくできないこと」にあると指摘している。他者とのグループ意識や関係性を築きにくいため、同性のグループに入れずに孤立したり、考えていることをそのまま口にしてしまい、周囲から煙たがられてしまうことが多い。特にＡＤＨＤの場合、空気が読めず、他者の話に割り込んだり、一方的に話し続けてしまうことで、同性から敬遠されてしまう傾向がある。

終章　「納得解」を導き出す

発達障害者の性の氷山モデル

これまでの章で分析した内容を踏まえて、発達障害のある子どもの性に関するトラブルの構造を「氷山モデル」として整理した。

①表面化している困りごと
- 性器いじり、脱衣、自慰行為、性的逸脱行動など

⇩ 目に見える・分かりやすい部分

②困りごとの背景にある個人的課題
- 生活習慣や対人関係の作法が身についていない、親子関係や家庭環境の問題
- うつ病・不安障害などの二次障害

③困りごとの背景にある社会的課題
・性に関する知識や対人関係の作法を学ぶ場所がない・教えてくれる人がいない
・発達障害者への社会的支援の不足・無理解など

④課題解決を困難にしている価値観や思想
・「性や交際に関する知識は自然に身につく」という放任主義、自己責任論
・公の場で性を話題にしづらい空気、性に対する忌避感や嫌悪感、障害者への差別意識

⇩ ②〜④は、目に見えない・見えにくい部分であり、存在自体が気づかれにくい

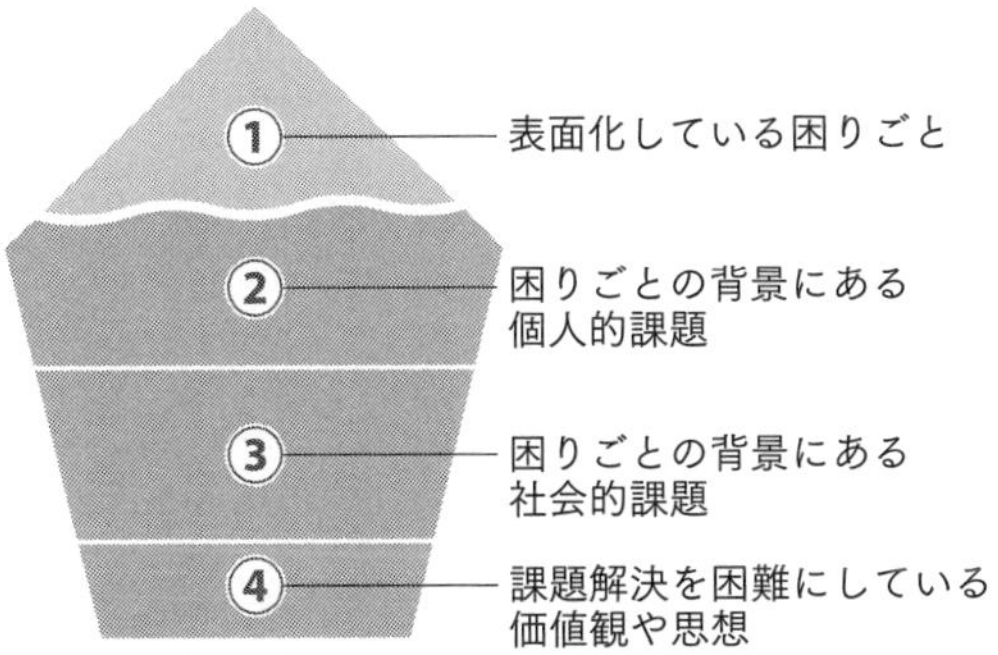

発達障害のある子どもの性「氷山モデル」

発達障害のある子どもの性に関するトラブルを解決していくためには、①のみならず、水面下に隠れて見えづらい②〜④それぞれの領域に対して、多角

的にアプローチしていくことが有効である。

例えば、表面化している困りごと＝性器いじりや人前での自慰行為に対して、「性に関する科学的に正しい知識を教える」という正攻法を取ったとしても、「そもそも生活習慣や対人関係の作法が身についていない」という個人的課題、「それらを学ぶ場所や機会、教えてくれる人がいない」という社会的課題、そして「公の場で性を話題にしづらい空気」が根強く残っている場合は、焼け石に水で終わってしまう可能性が高い。

そのため、発達支援（療育）を通して生活習慣や対人関係の作法を学び、ＩＣＴの活用で障害特性に基づく困難をカバーし、医療的なケアを通して本人の心身の状態を整え、親の会や当事者の自助グループ、ＮＰＯなどが「学ぶ場所や機会」を創出し、メディアでの啓発や情報発信を通して「公の場で性を話題にしづらい空気」を変えていく、という多元的なアプローチが必要になる。

成人後の困難、そして男女間の対立を減らすために

氷山モデルに表れているように、発達障害の人の困りごとの背景には、複数の困難や

課題が潜んでいることが多い。

水面下に潜在化している問題は、進学や就職、結婚といったライフイベントをきっかけに顕在化することが多い。学生時代は周囲のサポートもあり、なんとかうまくやれていたが、就職した後、会社に適応できなくなり、メンタルの不調を訴えて精神科を訪れるという人は非常に多い。「自分が働いている姿がイメージできない」と語る人もいる。

結婚した後の同居生活でトラブルが起こり、夫婦不和や離婚に結びついてしまうケースも多い。性生活の場面でも、相手に身体を触られることで緊張感が高まってしまい、思うような行為をすることができなかったり、配偶者に対して性的関心を持たなくなり、セックスレスの状態に陥ってしまう人もいる。就職同様に、そもそも「自分が結婚している姿を想像できない」と語る人も少なくない。

ＳＮＳ上では、収入や結婚の問題をめぐって、発達障害傾向のある男女同士で論争が巻き起こることがある。障害特性のために仕事が見つからない、収入が低い、結婚ができない……と悩む男性が、「女性は結婚すれば楽になるからいいよな」と妬んで女性を叩く。

しかし、当然ながら、結婚すればそれだけで幸せになれるわけではない。結婚後のイメージを描けないことや、配偶者との同居生活で様々なトラブルが起こるのは、女性にとっても同じ課題である。そのため、女性からは「結婚さえすれば」という意見は女性を見下している、という反論が起こる。

「結婚のイメージを抱けない」女性と、結婚のイメージを抱けないがゆえに「結婚さえできれば救われる」と思い込んでしまう男性。同じ課題を抱えた者同士がSNS上で叩きあっても、何も生まれない。

これまでの章でも述べた通り、発達障害においては「早期発見・早期支援」が重要視されている。ADHDに関しては、幼児期から診断・治療介入されているケースと、思春期以降に治療を始めたケースを比較すると、前者の方がうつ病などの併存障害の発生率は低く、後者の方がより重篤な問題が生じやすい、ということが報告されている。

発達障害のある子どもの性の支援は、発達障害のある男女の間にある溝を埋めるため、そして「就職」と「結婚」という成人後の二大ライフイベントにおける躓きを減らすための重要な布石になるはずだ。

発達障害は謎だらけ

発達障害に関しては、未だに多くの謎に包まれている。そもそも、原因自体がはっきりと分からない。先天性の脳機能障害だと言われているが、大本の原因はまだ解明されていない。遺伝要因だけで全てが説明できるわけでもない。そもそも、発達障害を引き起こす特別な遺伝子が存在するわけではない。

仮に遺伝要因が強い障害だとすれば、有病率（ある一時点において、疾病を有している人の割合）は、時代によって大きく変わることはない。遺伝的要因が強いと言われている統合失調症の有病率は、ここ数十年間、ほとんど変わっていない（統合失調症の生涯有病率は人種・民族・地域を越えて、0・6～1・9％と言われている）。

しかし、発達障害は増加の一途をたどっており、有病率は国・地域・時代によっても大きく異なる。近代化の進んだ社会であればあるほど、発達障害の人口は増加する傾向にある。

研究者の間では、何らかの形で、発達障害の増加に遺伝以外の要因が関わっていることは間違いない、とされている。ホルモン異常、電磁波や有害金属の影響、ミラーニューロン仮説[*18]、分娩時外傷や低体重出産、長時間のテレビ視聴による影響、エピジェネティック理論[*19]など、様々な説が唱えられているが、根本的な要因は解明されていない。

発達障害の「早期発見・早期支援」の重要性は医学界では常識になりつつあるが、具体的にどのような行動介入を、どの程度の内容で行えば、有意に発達障害の改善につながるかについては、十分なデータが揃っているわけではない。発達障害に対する療育効果の科学的分析については、まだまだ道半ばである。

こうした背景もあり、発達障害の診断については、誤診や過剰診断も少なくない。医師の岩波明氏は、『発達障害はなぜ誤診されるのか』(二〇二一年・新潮選書)の中で、誤診が生じる原因について、

- 成人における発達障害は比較的新しい概念で、多くの医師が十分になじんでいない
- ASDとADHDは症状面・行動面で共通点が多く、区別が難しい場合が多い
- ASD・ADHDともに、うつ病などの他の精神疾患を併存することが多く、背後に存在する発達障害の診断に行き着かない

などの複合的な要因が絡んでいる、と指摘する。決して、医師個人の能力不足・努力不足という理由だけで片付けられる問題ではない。発達障害に関する誤診や過剰診断は、当面はなくなることはないだろう。自分の求めている診断や回答を得るために、延々とドクターショッピングを繰り返す人も増えることが予想される。

「社会の問題」以外の何物でもない

現時点では、発達障害は、遺伝要因や環境要因など、多数の要因が複雑に重なりあって、それらがある一定の限界を超えた時に発症する「多因子の障害」である、と考えられるようになっている。

そうだとすれば、発達障害によって起こるトラブルについても、多角的な解決法が取られるべきだろう。

発達障害のある子どもの性に関するトラブルは、性教育だけでも、投薬だけでも、療育だけでも、ＩＣＴだけでも解決しない。

それぞれの力を結集して、様々な角度からのアプローチを総動員する形で挑まないと、問題を解決するどころか、問題の存在を認識することすらできない。

発達障害という概念が広まったことによって、そして（誤診や過剰診断などの問題も含めて）診断を受ける人が増えたことによって、「障害」という概念は身近になった。「自分も発達障害かもしれない」と感じる人が増えることによって、「障害者」と「健常者」の間にある線引きは薄まった。

様々な問題はあるが、障害者の性を考える上で、「他人事」としてではなく、「自分事」として考える人が増えること自体は、望ましいことだろう。

私自身、一〇年以上にわたって障害者の性に関する問題に取り組んでいる。その中で、障害者の性の問題＝個人の問題ではなく、社会の問題である、と言い続けてきた。

発達障害者の性については、「社会の問題だ」と言われると、「確かにそうだな」「当たり前のことだよね」と思う人も多いだろう。本書をここまで読んでくださった方であれば、「社会の問題以外の何物でもないだろう」と感じていただけるはずだ。

全人口で六十五歳以上の高齢者の占める割合が三割に近づき、超高齢社会を超えた「超」超高齢社会へと進む中、加齢とともに、誰もが遅かれ早かれ、心身に何らかのハンディキャップを抱えて生きることを余儀なくされる。

そして、膨大な数のＡＳＤ・ＡＤＨＤ傾向のある人たちが、診断を受けないまま＝自らの抱える対人関係の困難に関して何の支援も配慮も受けられない状態のまま、他者からの介護を必要とする高齢期を迎えることになる。

こうした時代に、障害者の性の問題が社会の問題として認識されていくことは、全ての人にとって恩恵となるはずだ。

多因子の問題には、多角的な解決策を

発達障害を取り巻く環境は、日々目まぐるしく変化している。本書で取り上げた定義や情報も、数年後には別のものに置き換わっている可能性がある。診断基準をはじめ、個々の障害の定義や名称、発達支援の方法やＩＣＴのツールも、どんどん変化していくはずだ。

二〇一三年の診断基準（ＤＳＭ－５[*20]）改訂によって「自閉スペクトラム障害」が「自閉スペクトラム症」という名称に変わった背景には、「障害（disability）」という言葉に

つきまとう「変えられない」「治らない」という負の先入観を捨て去り、一時的な病気に対しても用いられる「症（disorder）」という言葉に改めることで、改善の可能性を探る、という意味が込められている。

発達障害は、決して固定された障害ではない。幼児期にＡＳＤと診断された子どもが、成人した段階で診断に該当しなくなるケースもある。

現時点では、行政が法律的にサポートする都合もあって「障害」という言葉が用いられているが、今後、要因の解明と、それに合わせた発達支援の研究・普及が進んでいけば、発達障害が「障害」と呼ばれなくなる日も来るかもしれない。

唯一確かなことは、発達障害が多因子の障害であること、そして、発達障害に関する問題を解決するためには、多角的な解決策が必要になる、ということだ。

多角的な解決策を作り出し、活用していくためには、「こうあるべき」という思い込みを捨てる必要がある。「こうあるべき」という思い込みに過度に囚われてしまうのは発達障害の特性の一つだが、発達障害に関する問題では、支援者の側までもが「こうあるべき」という思い込みに囚われてしまう傾向がある。そこから、支援や療育の方法をめぐって、当事者同士・支援者同士の争いが起こってしまうこともある。

目の前にある解決策だけが全てではないし、万能の療育やツールは存在しない。特定の理論や方法を「唯一の正解」として絶対視・神聖視せず、これまで知らなかった新しい情報や理論を常に吸収し、知識をアップデートしていくことで、「受け入れる力」を高めていく必要がある。

この「受け入れる力」は、当事者や親の障害受容、そして障害者に対する合理的配慮の場面でも重要になるだろう。

障害を受容できなくても、困りごとは解決できる

「受け入れる力」とは、これまで受け入れられなかったことを受け入れられるようになることだけを指すのではない。「受け入れられていない自分を自覚すること」もまた、「受け入れる力」の一つだ。

自分の子ども、もしくは自分自身に障害があることを受け入れる＝障害受容を行うことは、非常に難しく、時間がかかる。一〇年〜二〇年以上かかることもあるし、それ以上の時間がかかっても、受容できないこともある。いったん受容できたように思えても、

「やっぱり受け入れられない」と思ってしまうこともある。

障害を受容できないのは、むしろ当たり前である。「受け入れられない」ことが悪いのではない。唯一確かなことは、障害を受容できるかどうかにかかわらず、目の前の子ども（もしくは自分自身）は、「今困っている」という事実だ。

障害を受容できなくても、障害による困りごとを解決することはできる。「受容する・しない」「受容できる・できない」といった気持ちに拘泥せずに、困りごとの解決に集中する過程で、「受け入れる力」は徐々に磨かれていくはずだ。

社会の傷は、社会で癒す

発達障害の子どもは、人との関係性の中で傷つき、大きなストレスを抱えている。人間関係の中で受けた傷やストレスを癒すことができるのは、人間関係である。人によって傷つけられた心を癒せるのも、また人である。

障害の有無にかかわらず、どんな人でも、他の人と関わらなければ、生きていけない。誰も社会からは逃げられない。

性風俗の世界のように、社会の外側にあるように見える世界に一時的に避難・滞在することはできるかもしれないが、いつまでもそこにはいられない。一時的に逃げることがあったとしても、いつかは社会と向きあわざるを得ない時がやってくる。

第五章で述べたように、当事者に「相談する力」があれば、社会とつながることができる。支援者に「相談される力」があれば、社会とつなげることができる。そして私たちの社会に「受け入れる力」があれば、つながった人たちを包摂し、癒すことができる。社会によって傷つけられた人を癒すのもまた、社会である。

発達障害の世界は、めまいのするような圧倒的な個別性と、誰も線引きできない連続性（スペクトラム）に満ちた世界だ。これは、現代における性に関する社会課題の共通点でもある。

個別性と連続性の嵐の中で、ありもしない「正解」を追い求めるのではなく、そして実在しない「悪の元凶」や「仮想敵」を探すのではなく、多角的かつ多元的なアプローチを通して、どのように「納得解」を導き出すか。

本書が、発達障害のある当事者・家族・支援者にとって、そして、性に関する社会課題に向きあおうとしている人たちにとって、「納得解を導き出す力」を身につけるための手がかりになれば、それに勝る喜びはない。

＊18　ミラーニューロンとは、自分自身が行動する時だけでなく、他人が同じ行動をすることを見た時にも、同じ活動をする神経細胞のこと。相手の行動を模倣・理解する能力と関係しており、ミラーニューロンの欠陥が自閉症に影響しているのでは、という仮説がある。

＊19　エピジェネティクスとは、ＤＮＡの配列変化によらない遺伝子発現を制御・伝達するシステムおよびその学術分野のことを指す。食事、大気汚染、喫煙、酸化ストレスへの曝露などの環境要因によって、遺伝子自体が変化する仕組みを研究対象にしている。

＊20　米国精神医学会（ＡＰＡ）の精神疾患の診断・統計マニュアル・改訂第五版。

あとがき

私は現在、九歳の長男と七歳の次男、二人の子育て真っ最中である。二人とも、放課後は近所の学童保育に通っている。

長男はヤンチャ盛りのギャングエイジで、唐突に「はぁ〜〜っ?」と大声を出したり、「うっせえわ!!」などと流行り言葉を連呼したり、自宅にいると五分おきに次男とケンカしたり……と、それはもうにぎやかな毎日を送っている。

自分の中で「今日一日のスケジュールは、こうあるべきである」「周りの人は、自分に対してこう振る舞うべきである」という独自の不文律があるようで、それに反する出来事が起こったり、予定外の提案をされると、「嫌だ!」「ずるい!」と猛烈に駄々をこねて、暴れるようになる。次男に近寄らなければいいのに、自ら近寄っていってちょっかいを出し、「蹴られた!」「殴られた!」とけたたましく叫び出す。食事の時間に席を立ってウロウロする。寝っ転がってマンガを読みながら、ひたすら白米ときゅうりを食べ続ける。

次男はとにかく物をこぼす。食事中に牛乳をこぼし、シチューをこぼし、飲食店では水をこぼし、移動中の車内ではお菓子やジュースをこぼす。忘れ物も多く、虫捕りに行っても、捕虫網・採集した虫の入ったケース・ピンセットなど、あらゆるものをそのまま野外に置いてきてしまう。何のために虫捕りに行ったのか分からない。

小学校低学年の男子二人の子育てをしていると、発達障害の特性は、子どもであれば誰もが多かれ少なかれ持っているものだと強く感じる。

学童から自宅に帰ってくると、長男と次男がゲームの順番をめぐって、毎日のように死闘を繰り広げる。「一日おきに順番を決めてやればいいじゃないか」と何度言っても、ケンカは収まらない。

そこで、TEACCHの「視覚的構造化」の技法を用いて、「げーむのじかんわり」カレンダーを作成し、リビングの壁に掲示した。このカレンダーを見れば、今日どちらが先にゲームをできるかどうかが、一目で分かる。

この視覚的構造化の結果、帰宅直後の死闘は無事に収まり、順番を守ってそれなりに仲良くゲームをするようになった。騒がしい毎日が、ほんの少しだけ静かになった。

本書で述べてきたように、発達障害の子どもと定型発達の子どもの間には、明確な線引きは存在しない。そう考えると、発達障害の子どもに対する支援や配慮の中には、定型発達の子ども、そして大人にとっても有効なものが多数含まれている。

つまり、発達障害のある子どもが暮らしやすい環境は、全ての子どもと大人にとって暮らしやすい環境だと言える。そうした意味でも、発達障害のある子どもの性の問題を、他人事ではなく自分事として捉える人が増えれば、誰もが過度のストレスや不安を抱え込まずに生きることができる社会を作っていくための契機になるはずだ。

本書の執筆で最も苦労したのは、アンケート調査である。保護者の回答を五〇名分集めるために、各地の発達障害児・者の親の会に打診したが、良いお返事はいただけなかった。

その後、いくつかのリサーチ会社に調査依頼を行ったが、「性に関するアンケート依頼はお受けできません」と冷たく断られたり、問い合わせをしても返信すら返ってこない会社もあった。

ようやく調査依頼を引き受けてくれるリサーチ会社を探し出したが、担当者の方からは「このアンケートの内容ですと、おそらく回答はほとんど集まりませんよ」と単刀直入に言われた。

しかし、「はじめに」で述べた通り、放デイは全国に約一万四千の事業所があり、利用者数は二二万人を超えている。放デイを利用している子ども、保護者、放デイに関わっている職員や企業の関係者を全て合わせれば、少なく見積もっても数十万人はいるはずだ。その中に、障害のある子どもの性の問題で困っている人たち＝学校にも、放デイにも、親の会にも相談できずに悩んでいる人たちは、間違いなく大勢いる。

そう確信していた私は、担当者の方に、「仮に回答がゼロ名であっても、既定の料金をお支払いいたしますので、調査を実施してみてください」とお願いした。

実際に調査を実施してみたところ、予定の五〇名を大きく超えて、合計八八名もの回答が集まった。

ホッとするとともに、これだけたくさんの人が現場で困っているにもかかわらず、そうした人たちの声をすくい上げるための仕組みがほとんどないことに、改めて危機感を覚えた。今後、現場で起こっている性の問題について、当事者や保護者の声をすくい上げる動きが全国各地で活発化することを願いたい。

最後に、障害のある子どもの性の問題で困っている全国の保護者の皆様、放デイ職員の皆様にとって、本書が現場で役立つ情報源になること、そして、障害のある子どもたちの社会的自立の支えの一つになることを願って、筆を置きたい。

〈謝辞〉

インタビューにご協力くださった横山孝雄さん、板谷真奈美さん、松下英介さん、新島美菜子さん、「障がい者・児の性と生を考える会」の皆様、伊藤修毅さん、川上ちひろさん、アンケートにご協力くださった大塚直史さん、あしたの森さん、りんご茶さん、広江さん、希望のひかりさん、トルテさん、株式会社NEXTSTAGE　放課後等デイサービス　ウィズ・ユー三木さん、かじかさん、永山博典さん、mugimugiさん、調査会社の担当者の方、そして中央公論新社の塚本雄樹さんには、この場を借りてお礼申し上げたい。

二〇二一年一〇月二日　秋晴の新潟市にて

坂爪真吾

参考文献

有光興記監修『発達障害の子の「励まし方」がわかる本』(二〇一八年・講談社)
市川宏伸監修『これでわかる自閉スペクトラム症』(二〇二〇年・成美堂出版)
岩波明『発達障害はなぜ誤診されるのか』(二〇二一年・新潮選書)
NPO法人つみきの会編　藤坂龍司・松井絵理子『イラストでわかるABA実践マニュアル　発達障害の子のやる気を引き出す行動療法』(二〇一五年・合同出版)
岡田尊司『子どものための発達トレーニング』(二〇一七年・PHP新書)
岡田尊司『自閉スペクトラム症　「発達障害」最新の理解と治療革命』(二〇二〇年・幻冬舎新書)
香山リカ『「発達障害」と言いたがる人たち』(二〇一八年・SB新書)
川上ちひろ『自閉スペクトラム症のある子への性と関係性の教育　具体的なケースから考える思春期の支援』(二〇一五年・金子書房)
川上ちひろ・木谷秀勝編著『発達障害のある女の子・女性の支援　「自分らしく生きる」ための「からだ・こころ・関係性」のサポート』(二〇一九年・金子書房)

十一元三監修　崎濱盛三著『思春期のこころと身体Q&A⑤　発達障害　精神科医が語る病とともに生きる法』（二〇一九年・ミネルヴァ書房）
坂井聡『知的障害や発達障害のある人とのコミュニケーションのトリセツ』（二〇一九年・エンパワメント研究所）
土橋圭子・渡辺慶一郎編『発達障害・知的障害のための合理的配慮ハンドブック』（二〇二〇年・有斐閣）
中邑賢龍・近藤武夫監修『発達障害の子を育てる本　スマホ・タブレット活用編』（二〇一九年・講談社）
野尻英一・髙瀬堅吉・松本卓也編著『〈自閉症学〉のすすめ』（二〇一九年・ミネルヴァ書房）
長谷川敦弥著　野口晃菜監修『発達障害の子どもたち、「みんなと同じ」にならなくていい。』（二〇一六年・SB新書）
原哲也『発達障害の子の療育が全部わかる本』（二〇二一年・講談社）
姫野桂『「発達障害かも？」という人のための「生きづらさ」解消ライフハック』（二〇二〇年・ディスカヴァー・トゥエンティワン）
姫野桂／OMgray事務局（特別協力）『発達障害グレーゾーン』（二〇一九年・扶桑社新書）

広瀬宏之『「ウチの子、発達障害かも？」と思ったら最初に読む本』（二〇一八年・永岡書店）
本田秀夫・日戸由刈監修『自閉症スペクトラムの子のソーシャルスキルを育てる本　思春期編』（二〇一六年・講談社）
松永正訓『発達障害　最初の一歩』（二〇二〇年・中央公論新社）
宮尾益知監修『ＡＳＤ（アスペルガー症候群）、ＡＤＨＤ、ＬＤ　女の子の発達障害』（二〇一六年・河出書房新社）
宮尾益知監修『お父さんが発達障害とわかったら読む本』（二〇二一年・河出書房新社）
宮尾益知監修『発達障害の親子ケア　親子どちらも発達障害だと思ったときに読む本』（二〇一五年・講談社）
宮尾益知『女性のための発達障害の基礎知識　会社や学校に行けなくなる前に知っておきたい14章』（二〇二〇年・河出書房新社）
宮本信也監修　主婦の友社編『じょうずなつきあい方がわかる　自閉症スペクトラム（アスペルガー症候群）の本』（二〇一五年・主婦の友社）
ユネスコ編　浅井春夫・艮香織・田代美江子・福田和子・渡辺大輔訳『国際セクシュアリティ教育ガイダンス　科学的根拠に基づいたアプローチ【改訂版】』（二〇二〇年・明石書店）

ラクレとは…la clef=フランス語で「鍵」の意味です。
情報が氾濫するいま、時代を読み解き指針を示す
「知識の鍵」を提供します。

中公新書ラクレ
745

パンツを脱《ぬ》いじゃう子《こ》どもたち

発達《はったつ》と放課後《ほうかご》の性《せい》

2021年11月10日発行

著者……坂爪真吾《さかつめしんご》

発行者……松田陽三
発行所……中央公論新社
〒100-8152 東京都千代田区大手町 1-7-1
電話……販売 03-5299-1730　編集 03-5299-1870
URL http://www.chuko.co.jp/

本文印刷……三晃印刷
カバー印刷……大熊整美堂
製本……小泉製本

Published by CHUOKORON-SHINSHA, INC.
Printed in Japan ISBN978-4-12-150745-7 C1236

中公新書ラクレ　好評既刊

L537 泌尿器科医が教える　オトコの「性」活習慣病

小堀善友 著

「仲が良すぎて射精できない」「EDは人生のイエローカード」など怖いけどためになる話満載！「ヨミドクター」連載「オトコのコト」で人気の著者の書き下ろし。オトコの性機能障害は主として勃起障害と射精障害に分けられる。思春期の間違ったオナニーが射精障害に繋がるという恐ろしい話もあり、パートナーにとっても重大な問題だ。本書においては、臨床経験豊富な著者が男性性機能障害の現状を伝え、同時に予防法と対処の仕方も説明する。

L543 教えて！ 校長先生　渋谷教育学園はなぜ共学トップになれたのか

田村哲夫 著

新設校から全国屈指の進学校へと急成長した「渋幕」。女子校を共学化する学校改革に成功した「渋渋」。東大合格者数を急増させた両校のメソッドを校長が明かす。他方、受験勉強だけに特化せず、いちはやく取り組んだ海外大学進学など、グローバル化に対応した学校運営や、自由な校風で生徒の個性を開花させる学校生活、行事も紹介。人気№1水卜麻美アナ、闘莉王選手、日本マイクロソフト社長ら、卒業生インタビューも充実。

L584 学校改革請負人　――横浜市立南高附属中が「公立の星」になった理由

高橋正尚 著

受験人気がヒートアップ。名門私立を蹴って入学する生徒も続々。新設の公立中高一貫校が、全国にその名を轟かせるのはなぜか？　最初は教科書を使わない独自の授業で、中3段階の英検準二級取得率は8割超！　今春、難関大学合格者数ランキングの「台風の目」になった。数々の学校を立て直し、辣腕を誇る初代校長が、秘訣を明かす。また、過去に「荒れた学校」を再建した体験談や、鎌倉女子大初等部部長（校長）を務める現在の実践にも触れる。

L595

教育とは何?
――日本のエリートはニセモノか

尾木直樹＋茂木健一郎 著

国際社会の中で、日本人はどこまでバカになってきたか? トレーニング主義や階段を上がるように、基礎から発展へと機械的に教えるステップアップ方式は、脳科学からも成果なく危険さえあるらしいです。そして、現在の教育での高校入試や偏差値教育は害悪でしかないのです。子どもたちは、学ぶ意欲は萎え自立力をなくしています。本書は、人間の「個性」を大切にした、世界レベルの教育改革を提言する「おぎ・もぎ対談」の決定版です!

L598

世代の痛み
――団塊ジュニアから団塊への質問状

上野千鶴子＋雨宮処凛 著

親子が共倒れしないために――。高度経済成長とともに年を重ねた「団塊世代」。就職氷河期のため安定した雇用に恵まれなかった「団塊ジュニア」。二つの世代間の親子関係に今、想定外の未婚・長寿・介護などの家族リスクが襲いかかっている。両世代を代表する論客の二人が、私たちを取り巻く社会・経済的な現実や、見過ごされてきた「痛み」とその対策について論じ合った。この時代を心豊かに生き抜くためのヒントが満載。

L602

子どもの病気　常識のウソ

松永正訓 著

風邪は早めの風邪薬で治す? 真夜中の突然の発熱はコワイ? インフルエンザの予防にワクチンは効かない? 食べる前に食物アレルギー検査をする? どうして医学的な裏づけがない医療情報が、こんなに「常識」としてまかり通っているのでしょう。医学的な根拠がある治療でなければ子どもの健康は守れません。病院に駆け込む前に、ぜひ開いてほしい小児医療の実用本。読売新聞　オンライン(YOL)ヨミドクターの大好評連載をまとめました。

L629

面倒くさい女たち

河合　薫 著

会社にはびこる「ババアの壁」の実態と発生原因を探り、その解決法を考える。なぜ、女性政治家は失敗するのか? なぜ、女性上司は女性部下に厳しいのか? なぜ、女の会議は長いのか? なぜ、女はセクハラにノー!と言えないのか? 職場や社会に氾濫し増殖する「面倒くさい女たち」を実証研究や理論などからひもとく。「働き方改革」の中で女性の扱いに悩む男性上司、男性社員の、職場で生き残るための必読のバイブルです。

L638

中学受験「必笑法」

おおたとしまさ 著

中学受験に「必勝法」はないが、「必笑法」ならある。第一志望合格かどうかにかかわらず、終わったあとに家族が「やってよかった」と笑顔になれるならその受験は大成功。他人と比べない、がんばりすぎない、子供を潰さない、親も成長できる中学受験のすすめ――。気鋭の育児・教育ジャーナリストであり、心理カウンセラーでもある著者が、中学受験生の親の心に安らぎをもたらす「コロンブスの卵」的発想法を説く。中学受験の「新バイブル」誕生!

L653

教育激変
―2020年、大学入試と学習指導要領大改革のゆくえ

池上 彰+佐藤 優 著

2020年度、教育現場には「新学習指導要領」が導入され、新たな「大学入学共通テスト」の実施が始まる。なぜいま教育は大改革を迫られるのか。文科省が目指す「主体的・対話的で深い学び」とはなにか。自ら教壇に立ち、教育問題を取材し続ける池上氏と、「主体的な学び」を体現する佐藤氏が、日本の教育の問題点と新たな教育改革の意味を解き明かす。巻末には大学入試センターの山本廣基理事長も登場。入試改革の真の狙いを語りつくした。

L656

ハラスメントの境界線
―セクハラ・パワハラに戸惑う男たち

白河桃子 著

ハラスメント対策が問われる時代。雇用する側、される側の正しい未来像とは。委縮する現場環境を是正し、個人のキャリアや企業の新しいリスクマネジメント、生産性が高く働きやすい職場づくりのために欠かせない「セクハラ、パワハラの意識と行動のアップデート」を促す。「働き方改革実現会議」の一員として、法改正などの議論の渦中にいる著者の実態調査と最新対策事情。「これからの働きやすい会社のかたち」を提案する。

L661

名門高校はここが違う

永井 隆 著

優秀なリーダーたちを輩出する高校は、いったいどんなところ? 偏差値や東大進学者数といったデータには表れないが、高校を選ぶときに大切な要素の一つが〝校風〟である。本書では、長きにわたり優秀な人材を輩出している、いわゆる〝名門高校〟を全国から19校取りあげ、その卒業生たちを取材。学校行事の思い出や、強く印象に残っている授業や教師たちなど、具体的なエピソードから、歴史と伝統により醸成された〝校風〟をあぶり出す。

L663

赤ちゃんはことばをどう学ぶのか

針生悦子 著

認知科学や発達心理学を研究する著者は、生後6～18ヶ月くらいの子ども、いわゆる〝赤ちゃん研究員〟の「驚き反応」に着目し、人がどのようにことばを理解しているか、という言語習得のプロセスを明らかにしてきた。本書はその研究の概要を紹介しながら、これまでに判明した驚くべき知見を紹介していく。そのプロセスを知れば、無垢な笑顔の裏側に隠された「努力」に驚かされると同時に、赤ちゃんへ敬意を抱くこと間違いなし！

L664

「地方国立大学」の時代
――2020年に何が起こるのか

木村　誠 著

平成に大きく変わった国立大学。国による改革、さらに加速化し始めた少子化や地方の過疎化に加えて2020年に行われる入試改革を通じ、さらなる激変が予想される。そこで本書では、その前半で国立大を取り巻く事情の整理を、後半で復活の成功例として広島大学を中心に据え、正しい大学改革の姿に迫ると共に、この先、大学が生き残るための方策を探っていく。地方消滅の危機を目前とする今、地方国立大学による大逆転劇が始まる！

L683

地域と繋がる大学
――神戸学院大学の挑戦

佐藤雅美 著

大学は震災で何を学んだか？　一九九五年（平成七年）阪神・淡路大震災で関西地区は大きく壊滅した。震源地に一番近い大学として神戸学院大学は「社会との絆」「いのちの大切さ」を教育の指針に置き、地域コミュニティの復興に尽力した唯一の大学となった。その後、大学、産業界、自治体、地域との連携に成功。本書では、防災、ボランティアなど地域での取り組みなど具体的事例を紹介。日本の大学教育の目指す新しい方向性を問う提言書である。

L703

不登校、うつ状態、発達障害　思春期に心が折れた時　親がすべきこと
――コロナ禍でも「できる」解決のヒント

関谷秀子 著

うつ状態、摂食障害、発達障害……。心の悩みを抱えた思春期の子どもたちを病院に連れて行けば、すぐに病名が付き、薬も処方されます。けれど、どんな病名が付いたとしても、子どもの本当の悩みと向き合わずに問題が解決することはありません。思春期の子どもの心の悩みの背景には親子関係や両親の夫婦間関係の問題が隠れていることも多いのです。子どもが再び前向きに生きるために、親が家庭の中でできることがあるのです。

L704

大学とオリンピック 1912-2020

——歴代代表の出身大学ランキング

小林哲夫 著

日本のオリンピックの歴史は大学抜きには考えられない。戦前、オリンピックの精神として貫かれたアマチュアリズムに起因し、両者の親和性は極めて高い。実現には至らなかった1940年東京大会では、構想から大学が深く関わった。戦後、企業スポーツ隆盛の時代へと移ってもなお、大学生オリンピアンは不滅だ。1912年大会から2020年東京大会までを振り返り、両者の関係から浮かび上がる、大学の役割、オリンピックの意義を問う。

L705

女子校礼讃

辛酸なめ子 著

辛酸なめ子が女子校の謎とその魅力にせまる！　あの名門校の秘密の風習や、女子校で生き抜くための処世術、気になる恋愛事情まで、知られざる真実をつまびらかにする。在校生へのインタビューや文化祭等校内イベントへの潜入記も充実した、女子校研究の集大成。読めば女子校育ちは「あるある」と頷き、そうでない人は「そうなの⁉」と驚き、受験生はモチベーションがアップすること間違いなし。令和よ、これが女子校だ！

L708

コロナ後の教育へ

——オックスフォードからの提唱

苅谷剛彦 著

教育改革を前提から問い直してきた論客が、コロナ後の教育像を緊急提言。オックスフォード大学で十年余り教鞭を執った今だからこそ、伝えられること——そもそも二〇二〇年度は新指導要領、GIGAスクール構想、新大学共通テストなど一大転機だった。そこにコロナ禍が直撃し、オンライン化が加速。だが、文科省や経産省の構想は、格差や「知」の面から諸問題をはらむという。以前にも増して地に足を着けた論議が必要な時代に、処方箋を示す。

L714

大学はどこまで「公平」であるべきか

——一発試験依存の罪

橘木俊詔 著

教育機会の平等・均等路線の先で混迷を極める入試改革。著者はその状況に「縛われた公平さに意味などない」「世界で通用する大学やエリートを生み出せるのか」と警鐘を鳴らす。進学率が5割を超えて、最早エリートのためのものではなくなった大学はこの先どんな存在であるべきか？　未だ詰め込み型の「一発入試」に頼る大学に創造性ある学生を選ぶことはできるのか？　「公平」という呪縛から逃れなければ、大学に未来はない！